稻盛和夫的成功方程式

口袋版

曹岫云 著

人民东方出版传媒
東方出版社

正因为是透彻理解京瓷哲学的非京瓷人所著，所以很值得参考。

——稻盛和夫

稻盛先生是通过光明大道到达巨大成功的典范，是纯粹的理想主义和彻底的现实主义优美结合的典范。这样的典范对于中国的企业家，对于各行各业各级领导，对于渴望成功的有识之士，对于一切有志于追求人生真理的年轻人，都具有莫大的、难以估量的参考价值。

——曹岫云

目 录

新版序言　传播哲学、实践利他…………… 001
引言……………………………………………… 007

第一章　成功方程式…………………… 001

方程式……………………………………… 003
"思想·人格"的含义 …………………… 008
成功三要素之间为什么是"相乘"而不是"相加"？ ………………………… 011
成功三要素中哪个最重要？ ……………… 014
思想·人格是变数 ………………………… 016

怎样提升思想·人格？ …………………… 018
成功三要素之相互关系…………………… 020

第二章　成功方程式的产生…………………… 023

实践中得出理论…………………… 025
叔叔的负面“意识” …………………… 027
肺结核和“心态” …………………… 030
水库式经营和“思念” …………………… 036
天风哲学和“愿望” …………………… 040
因果法则…………………… 043
二宫尊德的诚实与勤奋…………………… 046
福泽谕吉的话和方程式…………………… 049
心灵似庭院…………………… 052
泰戈尔的诗文…………………… 058
释迦说“心” …………………… 062
阳明心学…………………… 065

第三章　成功三要素……………………………… 071

能力……………………………………………… 073

1　做不到的事要如实承认 ……………… 073

2　超越平庸 ………………………………… 076

3　战胜自己 ………………………………… 078

4　胆大心细 ………………………………… 081

5　抑制本能心 ……………………………… 083

6　将意识聚焦 ……………………………… 085

7　能力用将来进行时 …………………… 088

8　塑造自己的人格 ……………………… 090

9　关于“能力”的问答 ………………… 092

努力……………………………………………… 095

1　工作的意义 ……………………………… 095

2　突破壁障 ………………………………… 098

3　热情开创新时代 ……………………… 100

4　迷恋工作 ………………………………… 103

5　精于一业 ………………………………… 105

6　自辟蹊径 ………………………………… 108

7 健全的精神寓于健全的肉体 ………… 110
8 人生须时时反省 ………………… 113
9 读书开阔视野 …………………… 116
10 将能量灌注给部下………………… 118
11 天天努力………………………… 120
12 关于“努力”的问答……………… 122
思想·人格 ……………………… 124
1 决不丧失希望 …………………… 124
2 追求人间正道 …………………… 127
3 避开“捷径”……………………… 129
4 信赖关系从自己内心构筑 ……… 132
5 如实观察 ……………………… 134
6 细节也须注意 …………………… 137
7 调动潜意识 ……………………… 140
8 通逻辑、合伦理 ………………… 143
9 根据原理原则 …………………… 145
思想·人格的五个侧面 ………… 149
1 愿望 …………………………… 149
2 原则 …………………………… 164

3 人格 …………………………………… 179
4 利他 …………………………………… 208
5 因果 …………………………………… 232

第四章 经营十二条…………………………… 255

第五章 六项精进…………………………… 261

后记…………………………………………… 269

新版序言 传播哲学、实践利他

2001年10月28日，稻盛先生在《经营为什么需要哲学》的讲演中提到他的人生方程式（又叫成功方程式），还提到“把‘作为人，何谓正确’作为判断一切事物的基准”这一哲学的原点，这些论述深深地打动了我。过了一个月，我去拜访了日本京瓷公司和“盛和塾”事务局，买了当时出版的所有稻盛著作以及所有的《盛和塾》杂志（共44期）。

稻盛先生用哲学家的头脑思考企业家的经营经验和人生经验。他的语言直白，深入浅出，具备穿透力和感召力。在阅读的过程中，我常常禁不住感动。日积月累，感动之余，就产生了写出来与他人分享的冲动。

据说当时我写的《百术不如一诚》《谈成功方程式》《“实事求是”和“心纯见真”》3篇文章，稻盛先生非常喜欢，并被陆续刊登在《盛和塾》杂志第46期、47期和51期上。一个普通的经营者，特别是外国人，在日本《盛和塾》杂志上连续载文，这是前所未有的。这给了我一种自信。

写短篇文章有信心，但写书却毫无经验，特别是构思书的大纲，是我的弱项。工作之余，绞尽脑汁，断断续续，写了一年，总算写出了《稻盛和夫的成功方程式》这本拙作。说是拙作，并不是谦虚，是因为我自己不满意。但2006年前，稻盛先生在中国还没有很高的知名度，介绍稻盛哲学的书籍很少。出版社认为这本书阐述的思想有价值，文字也不错，于是决定出版。

在这本书的出版过程中有一个小小的插曲。当时出版社提出，介绍日本经营者思想的书，可以争取得到日方的支持。据说，以前在出版松下幸之助著作时，就有过这种经验。于是出版社就给稻盛先生写了一封信，稻盛先生召集盛和塾有关干部开会，决定答应出版社的请求，给予支援，并提出了具体办法。这让我和出版社的同志都喜出望外。可是，过了一个月，日方有关人员出差北京时，请我和出版社有关负责人开会，宣布取消所做的承诺，并说这种朝令夕改的事很正常，不需要作什么解释。出版社有关负责人当然很失望，说日方出尔反尔，甚至埋怨稻盛先生说话不算数。我一时也很纳闷，想不通这是为什么。

但是，后来我想通了。稻盛先生答应支援，本来就是预料之外的事，支援不支援是日方的事，答应支援然后取消，这也可以而且应该理解，对方对我方的信任，需要积以时日，这种事不必计较，更不可耿耿于怀。传播稻盛哲学才是大事，不应该因小小的不愉快而受到干扰。传播稻盛哲学的过程应该也是实践稻盛利他哲学的过程，这类事情都可看作对我的考验。于是，我决定稿费分文不取之外，由我自己出一点钱，支援出版社。

因果法则果然灵验。稻盛先生亲自推荐此书说："正因为是透彻理解京瓷哲学的非京瓷人所著，所以很值得参考。"稻盛先生访问中国时，还亲自把此书作为礼品赠送给中国客人。不久后，稻盛先生又建议此书用日文在日本出版。托稻盛先生的福，日文版《稻盛和夫的人生方程式》和《稻盛和夫的成功方程式》在日本意外畅销，让我有名利双收的感觉。

更重要的是，以此书为契机，中央电视台经济频道开始了对稻盛先生的7次采访。

2008年年初，我突然接到CCTV经济频道一位导演的电话。这位导演说："为了配合胡锦涛主席访问日本，CCTV《对话》栏目准备围绕'中国制造和日本制造'制作专题节目。日方嘉宾就想请著名的'经营之圣'稻盛和夫先生。我把您的《稻盛和夫的成功方程式》一书读烂了。凭直觉，我认为您能把稻盛先生请来。”接此电话后，我立即设法同稻盛先生取得联系，几经周折，我的诚意和执着终于打动了稻盛先生。节目做得很成功。两年后稻盛先生拯救破产的日航一举成功，CCTV 的这位导演来到我们在北京的办公室，要求继续做稻盛先生的专题节目，于是，一发不可收拾，到 2013 年为止，CCTV 的记者居然采访稻盛先生 7 次之多。

创办无锡盛和塾、与稻盛先生合资创办稻盛和夫（北京）管理顾问有限公司、举办稻盛和夫经营哲学报告会、帮助筹建各地盛和塾、翻译（加编译）稻盛先生 21 部著作、到处讲演……我忙在其中，乐在其中。传播稻盛经营哲学这件事情太重要了，而要传播好，传播者自己必须实践稻盛利他哲学，容不得半点儿私心。对的坚持，错的改正。在这过程中，我感觉自己收益最大，稻盛哲学洗涤了我的灵魂，让我信念坚定，心明眼亮。

最后，感谢稻盛先生，感谢出版社，感谢

中外盛和塾的灵魂之友，感谢一切对稻盛利他哲学产生共鸣的朋友们。让我们一起努力，共同进步，为企业和社会多做贡献。

曹岫云

2016 年 10 月 31 日

引言

2001年10月28日，在天津第一届“中日企业经营哲学国际研讨会”上，我初次见到了稻盛和夫先生，聆听了他的“经营为何需要哲学”的讲演。因为我懂日语，手头还有中日文对照的讲演稿，自己也有9年经营者的经历，所以，或许能更确切地理解他讲演的精髓、价值所在。当时我内心产生一种强烈的感动，我觉得自己遇见了一位亲切、谦逊、具有深刻思想的人物，他手里握有我一直在寻求的真理。

在讲演中，稻盛和夫先生谈了他的“成功方程式”，谈到了他判断一切事物的基准，就是

“作为人，何谓正确”这一句话。听到这些，当时我有一种莫名的惊喜，也不知道怎样来形容自己的感受。后来我想到了“众里寻她千百度，蓦然回首，那人却在，灯火阑珊处”这句古诗，用在这里，很是贴切。

同年12月，我拜访了位于京都的“京瓷”公司本部，收集了稻盛先生的全部日文原著，订购了自创刊以来所有的《盛和塾》杂志。

后来我又先后参加了在南京举办的第二届“中日企业经营哲学国际研讨会”、在京都举办的“盛和塾第十次全国大会”、在横滨举办的“盛和塾第十三次全国大会”以及多次参加了“盛和塾”大阪分塾的学习会。我多次看到这样的场景：在学习稻盛哲学的发表会上，企业家塾生在谈及如何接受稻盛塾长的教诲而改变了自己的人生观、自己企业的面貌时，会热泪满面，全场为之动容。

有一位日本盛和塾的企业家塾生对我说：“假如由稻盛塾长当日本国家的领导人，或者日本的领导人听得进稻盛塾长的忠告，日本就不是现在的日本，日本与周边国家的关系也不会是现在这种关系。”在谈到稻盛先生给他的印象时，他说，20年前第一次见到稻盛先生，做了自我介绍后，稻盛先生对他的经营做了指点，最后还听了稻盛先生的讲演。他形容当时的心情是“有生以来从未体会过的震撼和激动，像着了迷一样。这是很难用语言来表达、很难用道理来说清的一种感觉”。这20年来，他对稻盛塾长的敬仰和感激之情一直有增无减，无法遏制。他说，稻盛塾长是他的恩师，没有稻盛塾长的教导，就没有他的今天，是稻盛塾长改变了他的人生。“如果是为了稻盛塾长，即使牺牲自己也愿意。”

每期《盛和塾》杂志到手，其中的“塾长讲话”我必定一口气读完；每有稻盛先生的新著出版，我都先读为快；读每一章我都有感动，不同时期读同一章，亦常有不同的感悟。这种感动和感悟积累起来，渐渐深入我的心灵，促使我产生把它写出来、与人分享的冲动。

2005年1月17日，我应邀参加了有500多位日本企业家参加的日本滋贺县大津地区盛和塾塾长例会，在其后的恳亲会上，当我上台致辞时，72岁的稻盛先生立即转身180度，面朝讲坛，抬头挺胸，微笑着凝视我，倾听我的讲话。他这一动作和他谦逊的笑容，永远定格在我的脑海之中。

稻盛先生身上有着一种难以言语的特殊的魅力。现在全世界约有10000名“盛和塾”的企业家被稻盛哲学所吸引。同时，正因为大家都有一颗虔诚学习的心，稻盛塾长的能量才会转移到塾生企业家身上，变成强大的精神力量，推动我们各自事业的发展。

稻盛先生是通过光明大道到达巨大成功的典范，是纯粹的理想主义和彻底的现实主义优美结合的典范。这样的典范对于中国的企业家，对于各行各业各级领导，对于渴望成功的有识之士，对于一切有志于追求人生真理的年轻人，都具有莫大的、难以估量的参考价值。把这种价值告诉读者，就是本书的使命。

曹岫云

2006年9月1日

第一章

成功方程式

方程式

稻盛先生出生在一个极为普通的家庭，家里兄弟姐妹多，经济拮据。亲戚中也没有地位、名声显赫的人物。小学毕业后考当地有名的鹿儿岛第一中学，连续两年都没考上，只好进了一家普通的私立中学。因小时候患过肺结核，高中毕业后报考大阪大学医学部，结果又落榜，只好进了创办不久的鹿儿岛大学。毕业后想进帝国石油公司被拒之门外，到多家公司面试，没有一家愿意接纳他，使他甚至一时产生了自暴自弃的念头。后来经大学的老师介绍，才勉强进了一家破旧的亏本企业。基于以上经历，稻盛先生认为自己能力并不强，更不是什么天才。与他一起创业的 7 位同志也都是普通的人。

同时，在“松风工业”4年的工作实践，特别是新产品的开发成功以及同松下电器做生意成功的经历，使他内心产生了强烈的自信。为了鼓励大家，说明能力一般的人照样可以取得成功，稻盛先生想出了这个方程式。后来他又强调只有这个方程式才能解释他的事业为什么能够持续成功。

稻盛先生说：“能力极为平凡的人，怎样才能取得不平凡的成功？下列简单的方程式，可以解答这个问题。”

人生 · 工作的结果 = 思维方式 × 热情 × 能力

稻盛和夫先生的上述方程式，我认为不但是经营学，而且是哲学领域中的重大发明，几乎可以适用于所有的人。同许多自然科学的方程式一样，这个方程式应该成为人类共有的宝贵财富。

下面对这一方程式试作若干阐释。

人生・工作的结果 =	思维方式	×	热情	×	能力
	−100 ~ +100		0 ~ 100		0 ~ 100

或者表达为：

成功 =	思想・人格	×	努力	×	能力
	−100 ~ +100		0 ~ 100		0 ~ 100

我们且把“思想・人格”“努力”“能力”称作成功三要素。

这个方程式中的“能力”，依照稻盛先生的解释，主要指先天的智力和体力，包括健康、运动神经、音乐细胞等。既然多属天赋条件，自己就无从选择。这种“能力”有个体差异，用0到100分来表示。

“努力”（或称热情）也因人而异。从饱食终日、无所事事的懒汉到忘我工作的模范，也用0到100分来表示。但这个努力与上述能力不同，不是先天的，而是可以由自己的意志决定的。

稻盛先生举例说，一个天资聪颖又很健康的人，“能力”可打90分，但他自恃聪明不思进取，“努力”只能得30分，那么两者之积：90×30=2700分。另一个人天赋差些，“能力”只得60分，但他笨鸟先飞，特别勤奋，“努力”可打90分，这样他的乘积为：60×90=5400分。后者得分比前者高一倍。这就是说，天资一般而拼命努力的人可以比天资优良而不肯努力的人，取得大得多的成就。我们周围很多人就是这样。

然而三者中最重要的是“思想·人格”，它是矢量，有方向性，从负100分到正100分。一个人能力越强、热情越高，但如果他一味自我中心、损公肥私、损人利己或者哲学反动，那么他的人生就是很大的负数，并可能给他人、给社会造成很大危害。这样的例子，古今中外屡见不鲜。

稻盛先生说，“能力”和“努力”的重要性众所周知，但人生道路上最重要的“思想·人格”，即哲学，却令人遗憾，几乎所有的人都不太明白。我想再加上一句，几乎所有的人也不求甚解。

看看社会上腐败层出不穷，看看那些才智过人却并无出息或者昙花一现的人物，就晓得稻盛先生说得多么正确，多么深刻，多么一针见血。

对上述方程式有几点还需加以说明。

“思想 · 人格”的含义

“思想 · 人格”日文叫“考え方”，直译为“思考方式”，也有人将它译成“想法”“思维方式”“态度”等。在日文中它是个常用词，含义比较宽泛，稻盛先生在不同场合，分别把它解释为哲学、价值观、人生观、伦理观、思想、人格、理念、观念、信念、理想、意志、意识、精神、心、心态、态度、情绪、愿望等。中文里很难找到一个与其对应的词，可以包括这么多的含义。这就是语言、文化的差异。但在方程式中它是第一要素，它的基本含义是清楚的，不难理解。在本书多数场合，我把它译成“思想 · 人格”。虽不能涵盖日文“考え方”的全部内容，但可以说基本正确，而且与“思考方式”“思维方式”这种不太常用的词汇相比，更容易被普通的中国人所理解。同时这个译法也得到了稻盛先生本人的首肯。

我认为可将“思想·人格”分为两个侧面。

一个是人格的侧面。正面的比如：公正、诚实、开朗、勇敢、谦虚、善良、克己、利他等。负面的比如：不正、伪善、卑怯、傲慢、任性、浮躁、妒忌以及自我中心等。

另一个是科学的侧面。就是“认识论”，就是实践、认识、再实践、再认识之循环。由五官从外界搜集各种必要的信息，用头脑加以分析，从复杂现象中导出事情的本质，据此制订计划，然后实行。在实行过程中继续搜集信息，再分析，并对照计划，做必要修正，然后再实行这样一个循环，简单讲就叫“实事求是”。先是正确认识事物，然后是拿这种正确认识去改造事物，或创造新的、美好的事物。

人格侧面和科学侧面相辅相成。稻盛先生说：“充满利己的心目中，只呈现复杂的事相、利己的动机，势必模糊问题的焦点。”就是说利己主义者不可能坚持“实事求是”。

现实生活中常有这样的事情：有时候事情本身很简单，但因为当事人有私心，又要掩饰私心，掩饰真相，结果事情就复杂化，真相变得扑朔迷离，叫人弄不清，人际关系也因此复杂起来，变得棘手，难以处理。因此一个人格高尚、心地纯洁的人，不受私心蒙蔽，就容易看清事实真相，看出事物规律，并勇于按事实、按规律办事。就是说，只有人格高尚的人才能始终实事求是。反过来，只有坚持实事求是，才能保持或提升自己的人格。

成功三要素之间为什么是“相乘”而不是“相加”？

这里有一个“相乘效果”的概念。就拿稻盛先生做例，天资自然极高，给100分未尝不可，但若考虑健康和体力的因素，“能力”姑且打95分；他自始至终有燃烧般的工作热情，“努力”该打满分，即100分。他是优秀的企业家兼哲学家，但考虑到哲学还要发展，“思想·人格”也打95分吧。如果三者关系是相加，总分不过95+100+95=290分，不能突出同我辈常人的差距。但如果是相乘，总分就是95×100×95=902500分。这样的结果符合客观现实，稻盛先生的成就与常人比有天壤之别。他的企业集团2005年的销售额超过4兆日元（约

3000亿元人民币），是个天文数字。

相反的例子，希特勒也是天才，他的演说曾倾倒德国人民，“能力”似乎可以要100分。从我读过《第三帝国的兴亡》这本书中得知，他有他的使命感，他也有燃烧般的热情，“努力”达到狂热，也可以打100分。但他的法西斯思想也达到了极点，是负100分。如果三者相加，仍可得100分，完全不能解释他对世界所造成的空前规模的破坏。如果三者相乘，那就是—1000000分，这就差不多，与历史相符。“小人无过世之才，不足以乱国。”希特勒有过世之才，他乱了德国，而且乱了天下。世界上没有比心灵扭曲的天才疯狂努力所造成的后果更为可怕的东西。

另外，如果是相加，智力一般而加倍努力的人，往往始终超不过聪明但懒惰的人。换言之，“富贵在天”，努力的作用不大，这不符合事实。若真如此，兔子和乌龟赛跑的寓言就失去了教育意义。

同时，因为是相乘，三要素中只要某一要素分数增加，结果将以倍数增加，我们在现实生活中看到的正是这种情况。

成功三要素中哪个最重要？

“能力”和“努力”的重要性连小学生也懂。但“思想·人格”的决定性作用却常被忽略。因它有正负之分，对结果而言最为重要。稻盛先生用他的亲身经历做过说明。

稻盛大学毕业找工作，到处受挫。当时的日本，没后台，没后门，即使有证书、有实力也难就职。屡屡碰壁之余，不免自暴自弃。他想既然这个社会如此不公，穷人得不到关照，没有出路，不如干脆投身黑社会，或当个“义贼”算了。他说：“如果当时我真的参加了黑社会，或许就成了略有名声的黑帮头目。因为我有不亚于他人的热情，也并不缺少能力。但这想法是反社会的，如果真跨出那一步，我的人生必将呈现很大的负值。”

一个才能出众而又不懈努力的人，可以积聚很大的能量。但这能量如果没有人格来管住，可能造成灾难。如果把能力与努力之积比作巨轮的发动机，那么人格就是巨轮之舵。巨轮是乘风破浪，驶向成功的彼岸，还是倒行逆驶，或冲向冰山暗礁，关键全在于控制发动机方向的人格之舵。

思想·人格是变数

思想·人格既能变好也能变坏，既能提升也能下降。“听君一席话，胜读十年书。”主要指受人影响，“思想·人格”快速提升。我们看到许多高官落马，这些人能走上高位，并非一开始就是坏人、有坏思想。大凡这类人都有能力，肯努力，会办事，贡献比常人大，因此很容易脱颖而出。地位上升，权力大了，威信高了。所有这些既可拿来做更大贡献的资本，但在制约缺失时，又可用来为非作歹。此时他就来到常人不遇的风口浪尖。如果人格动摇，一念之差，就会一落千丈，从功臣变罪人。

因此，一个有本事的人，尤其有了权威、春风得意时，特别需要：

第一，谦虚精神。“饱满的稻穗低着头”，卓越的人物总是谦虚的。正视自己的种种局限、种种弱点，谦虚就有十足的理由。把自己的身份放低，大海水位低，百川流向它。

第二，感激心态。自己再有能耐，毕竟孤掌难鸣。机会是别人给的，没他人协助，一事无成。所以理应心存感激，乐意将利益、名誉乃至威信，与人分享。

第三，知足意识。人有私欲，不能否定，但不懂知足，听任欲望膨胀就不正常，必然危及他人，危及组织，最终害了自己。“良田万顷，日食三升；广厦万间，夜眠八尺”，知足是睿智。与其追求虚荣，过度挥霍超过实际需要的物质财富，不如获取精神的满足和心灵的安宁，这才接近真正的成功和幸福。

这些无非都是理念的提升。

怎样提升思想·人格？

我们知道了思想·人格的重要性，但怎样才能提升自己的人格和思想观念呢？

首先是学习。稻盛先生说，学习先贤们有关做人的道理，比如佛教、基督教、希腊哲学以及中国的孔孟之道等，是很重要的，我们也多少拥有这方面的知识。但把圣贤们的教诲仅仅作为知识来理解和记忆，并没有多大的实用价值，我们必须用它来戒勉自己，提升自己的人格。

学习不可能一蹴而就，必须反反复复才能见效。运动员必须天天锻炼才能保持和提高体能。通过学习提升理念一事更是如此，稍稍懈怠，立即降归原处。

其次是反省。反省自己的言行是否有违为

人之道，如果有错，马上纠正。正如人的面孔会沾上灰尘，需要天天洗脸一样，人的心灵也会蒙上污垢，需要天天反省予以净化。人是血肉之躯，一不小心，就会屈服于本能的欲望，屈服于周围的环境，脱离正道。

学以致用，从知到行，从理论到实践，这中间需要一个能动的飞跃。这种能动性本来是人类特有的潜质，但是如果不发挥，一切无从谈起；如果不持续发挥，一切都会半途而废。

稻盛先生说："回顾自己人生的每一天，其实就是通过经营实践，不间断地提升理念的每一日。"

总之，"实践+学习+反思"才能有所领悟，才有可能进入哲学的境界。

强调高尚人格，强调提升理念，并把这作为成功的第一要素，乍看似乎近于迂腐，但其实这才是我们摆脱烦恼，将人生和事业的危机防患于未然的最好的、也是唯一有效的办法。除此之外，还能有什么其他的良计妙策呢？

成功三要素之相互关系

在成功三要素中，稻盛先生把“能力”定义为先天因素为主，这是有道理的，也便于解释，便于同“努力”是后天的人为因素这一概念相对应。但我们实际上讲的能力，比如语言能力、作文能力、经营能力等，可以经过训练，或者说后天的努力来提高。就是说人的“能力”中，有即使努力也提高不了的、先天的部分，和经过努力可以提高的、后天的部分。后文要提到的“能力要用将来时”，就是指后一种能力。

还有所谓“潜在能力”的说法。就以学开汽车为例，我 50 岁才学会驾驶汽车。如果说 20 岁可合法学开车，那么这 30 年之间，我虽然没有开车的实际能力，但在我身上却一直存在着开车的潜在能力。经过两个月的训练，这种潜在能力就变成了实际能力，或者说“显在能力”。如果我不努力，或怕出事故，或认为下面司机有八九个，当头的大可不必亲自开车。如果我这样想，那么我就不会主动去学，就永不会开，开车这种潜在能力最终将同我的身体一起埋葬。学游泳、学外语，甚至经营企业等也一样。人有许多可以开发的潜质，几乎人人具备，并不要求特别的天分。话说回来，我虽会开车，技术却差劲，特别倒车蹩脚，我成不了赛车手。当赛车手，特别要当赛车冠军，那只是少数或个别人的天赋，我的潜质中缺乏这种天赋。不过我能自己开车上下班，星期天不麻烦司机，有时还可提高办事效率，达到这些目的就足够了。就是说“潜在能力”要变成“显在能力”这件事，同“努力”和“思维方式”有关。

另外，“观念”正确，就能保持旺盛的“热情”、坚持不懈的“努力”。同时努力工作、努力学习，也有助于提高心性。总之，“理念·人格”“能力”“努力”这三者既互相独立，又互相影响，互相渗透。

以上阐述归结到一点，无非想说明“思想·人格”对人生、对事业、对社会的决定性作用。而我们许多人却总是忽略这个真理。社会上一切乱象，因此而生。

成功方程式是稻盛先生的一个伟大发明，而稻盛先生本人就是实践这个方程式的典范。在日本没听说过“丰田塾”“索尼塾”，却有个“盛和塾”，有弟子万人，还都是经营者，下面员工有百万余人。我们的孔夫子也不过弟子三千、贤人七十二。“盛和塾”还扩展到了美国、巴西、中国、中国台湾地区，由此可见稻盛先生之人格魅力，可见“稻盛哲学”之引人入胜。

我认为，稻盛哲学，包括这个方程式，不仅是经营者的无价之宝，而且不失为医治中国社会现代浮躁病的一剂良药。希望社会各界都有人来研究它。

第二章

成功方程式的产生

实践中得出理论

人人都渴望成功，但对怎样才能成功，却众说纷纭，真懂的恐怕不多，特别是成功的第一要素，最易被人忽视。有关“成功”的定义，数不胜数，而其中稻盛的方程式最妙，我想很少有哪种说法可以超过它。

“即使只具备普通的能力，也能获得成功。”稻盛先生为了说服一起创业的同志接受这一论断，想出了这个方程式。

现在的问题是：为什么稻盛先生能够“想出”这个精彩的方程式，我们一般的人却“想不出”呢？

从实践中得出理论，从现象中看出本质，不是一件容易的事情。

苹果落地之类的现象，司空见惯。那是为什么？苹果为何落地而不飞上天？这现象意味着什么？认真观察并注入深刻思考的，牛顿之前无古人。牛顿由此触动灵机，从中归纳出“万有引力定律”，对物理学做出了划时代的贡献。

为什么牛顿、稻盛能有如此伟大的发现，对我们普通人又有怎样的启示呢？稻盛先生有一段关于发现、发明及创造的话，正好可以作答：“创造这件事，只有在集中意识、调动潜意识、不断地、深入地、苦苦地思索过程中，才有可能产生。不在心中反复琢磨，单靠聪明机智，单靠一时的心血来潮，灵感是出不来的。”

叔叔的负面“意识”

稻盛先生说，开始提出这个方程式时，曾把“能力”放在前面，即人生·工作的结果＝能力 × 热情 × “思想·人格”。后来意识到还是“思想·人格”最为重要，于是把“思想·人格”调到了前面。

稻盛先生说，自己从小学到大学一直在鹿儿岛受教育，就职时才到了京都，完全是一个乡下人。家庭、学校讲的都是鹿儿岛土话，所以不但京都方言不会讲，连普通话也说不好。大学成绩虽属优秀，但只是乡村大学，从全国来讲，不是高水平。自己从小就好强，就职以后一直想有所作为，但究竟怎么做才好，自己不清楚，常常觉得很苦恼。像自己这样才能并不杰出的人，想做出杰出的成绩，需要什么条件呢？他说，首先想到的是工作“热情”，无论做什么，“努力”很重要。后来又想到“思维方式”即“思想·人格”的重要性。他说，意识到这一点，与儿时自己叔叔的言谈有关。

稻盛小时候，亲戚中有位叔叔常到家里来玩。鹿儿岛的汉子中不少人喜欢说豪言壮语。这位叔叔，白酒下肚后就开始说大话。他列举鹿儿岛知事、议员们的大名，然后说：“这些家伙小学的成绩还不如我，勉勉强强才进了初中。我头脑比他们聪明，只是因为家里穷才没能升学。”语气中扬扬得意，瞧不起那些有出息的人，认为自己比他们优秀得多。

听叔叔讲自己了不起，小稻盛一方面并无反感，但另一方面也产生了疑问：“为什么那么了不起的叔叔却一事无成，只会来我家喝酒吹牛，而据说那些成绩差劲的人却当官做了知事。这是为什么？”后来他在心里这么解释：“小学的时候，就能力而言，也许叔叔确实优秀，但叔叔自以为聪明，不怎么努力，结果成了没有价值的人；而那些比叔叔笨的人，因为拼命努力，却能够出人头地。”

这位叔叔为了替自己游手好闲的行为找到正当理由，有一次又说道：“隔壁那笨蛋清早一起身就干活，我脑子好，早晨就是睡懒觉也不要紧，那人因为笨，只好起来干活。”言下之意，头脑不聪明的人，在人家还睡觉时就不得不起床做事。叔叔对他们表示轻蔑。

稻盛觉得叔叔这话不对头。本来，清晨早起、努力工作的人值得尊敬，可是以叔叔的价值观看来，那只说明他们头脑笨。对叔叔的言行，少年稻盛开始产生反感。

他说，小时候的这些想法，从叔叔身上得到的教训，同后来提出这个方程式，以及看重其中的“思想·人格”是有关系的。

肺结核和“心态”

方程式中的“思想·人格”，稻盛先生有时又称之为“心态”。因为它的正、负决定了我们的人生方向，所以极其重要。对此，稻盛先生在少年时代患病一事上，就已经有所思考。

1945年，稻盛13岁时患上了肺结核。在盘尼西林发明之前，肺结核是不治之症。稻盛父亲是长兄，住在稻盛家的大叔、大叔母先后死于此病。此后小叔又吐血不止，也住稻盛家，由稻盛父亲悉心护理。当时家中出现了肺结核病人，都瞒着外人，关在屋里休养。但没有不透风的墙，稻盛家被称为“结核的巢穴”。稻盛在升学受挫后，又染上结核，情绪十分低落，发烧躺在床上，有时甚至想到自己可能就这样死去。一天，好心的邻居夫人借给稻盛一本书，是谷口雅春写的《生命的实相》。“和夫君，你读一读这本书吧！肯定对你有启示。不管你懂不懂，一定要从头到尾把它读完。你一定会有收获的。”

书中的道理对于一个只有 13 岁的孩子来说确实有些费解，但小小年纪就患上这可怕的疾病，求生的欲望让稻盛一字一句、认真地、贪婪地阅读起来。书中许多话引起年幼而早熟的稻盛的好奇。

“人病态的心理——这也不卫生，那也会发病。担心自己随时随地都可能生病，念念不忘逃离病菌的侵害——正因为生活在这种忐忑不安的情绪中，病魔真的就光临了。

“我们心底有吸引灾难的磁石，它会从外界吸引疾病、失业、刀枪等。

“我们内心描绘的事物，会通过现象在我们周围显现。内心不予呼唤的事物，决不会作为现象在我们周围出现。”

还是孩子的稻盛读到这些话，不免困惑："我的内心并没有呼唤结核病到来。"但在反复思索过程中，稻盛渐渐意识到，谷口雅春说的有道理，结核病确是应自己脆弱心灵的呼唤而至。

作为长兄，稻盛的父亲对患病的大弟和小弟精心护理，而不许家里其他人接触病人。特别在病人临终前，体质弱化，体温下降，空气中结核病菌密度增加，传染性增大。稻盛很为父亲担忧。但父亲满怀兄弟手足之情，尽心尽力照料病人到最终，虽然一直与患者近距离接触，却始终没有受到感染。另外，比稻盛大3岁的哥哥，对结核病并不介意，并不刻意躲避，结果也安然无恙。而稻盛当时虽然只有13岁，却已从书本上得知，结核病通过空气传染，而且常常在家人中扩散。为避免感染，稻盛每当经过叔叔的房间之前，先进行深呼吸，然后捏着鼻子快速跑过。结果一味忌讳、讨嫌结核病、一心想从病人处逃离的稻盛反而染上了。通过阅读《生命的实相》，思考自己的处境，稻盛意识到是自己“心态”不好，招致了结核病菌的侵蚀，可见“心态”有多么重要。

这就是生活中的辩证法。从医学角度讲，很可能是经过病人房门前刻意的深呼吸以及经过病人房门口后的深呼吸，吸入了病菌。

后来因为忙于躲避美军对鹿儿岛不断的空袭，稻盛忘记了疾病，无意中竟然痊愈了。如果没有战争，一直躺在床上静养，一个心事重重的孩子，很容易胡思乱想而陷入悲观，肺结核恐怕难于治愈，至少好转不会这么快吧。

《生命的实相》一书还有许多充满宗教哲理的话，让稻盛先生终生难忘。

“将痛苦视作不幸，是认知的错误。痛苦是心灵成长的必需，明白了这一点，我们就应该为痛苦而喜悦。

“信念是‘内心世界’中命运的雏形，现实世界中发生的一切，都由这个雏形发展而来。

“人们在遭遇灾难的时候，总认为灾难是外

部世界强加于自己的，自己并无过错。但我们遇到灾难而受伤害，其实还有内在的原因，就是说这种灾难与我们的心态相关，两者之间是一种‘物以类聚’的关系。我们内心不去召唤，这世上没有任何东西会主动跑到我们的身边。

“恐惧和不安之心促使你本能地将自己缩小再缩小，以躲避对方的视线而求自保。这种消极的精神状态，会让你的一切生理器官萎靡不振乃至完全丧失功能。

“被预知的‘未来’，就是在‘内心世界’中正在发生的‘现在’。某件事情既然在‘内心世界’里已经发生，作为在‘物质世界’的投影，它必将在实际上发生。

“要想做成一件事，就不能让这个念头中断，必须长久保持对它的希望和热情。思念的长期而持续的集中，会产生将所想之物吸引过来的磁力。就是说，成就事物必须的要素——灵感和智慧——就会聚集到你周围，自然而然地促成你把事情办好。”

这些话无非强调精神对物质的反作用，强调方程式中“思想·人格”这一要素极端的重要性。

一个多愁善感的少年，经历初次的人生挫折——升学失败，又身患重病，遭受死神的威胁。这时候，带有宗教色彩的《生命的实相》一书中直白的语言，给他的精神世界带来了冲击和洗礼，这与他日后事业的成功以及他世界观的形成，可以说息息相关。

水库式经营和“思念”

1959 年 4 月 1 日，京都陶瓷株式会社正式成立。过了不久，稻盛先生去听大企业家松下幸之助的讲演，题目为《水库式经营》。所谓“水库式经营”，是讲企业经营顺利，赚了钱，不要全部用光，要像水库一样，把一部分钱储存起来，正像干旱时水库可以滋润庄稼一样，当经济不景气时，储备的利润可以用来救急，起调节作用，避免企业发生危机。松下强调经营资源要有储备，留余裕。

松下讲完后，听众中有一人提出疑问：“水库式经营果然有道理，我也理解了。但是松下先生有金钱上的余裕，可以造‘水库’，我们的企业财务拮据，日子过得紧巴巴，没钱造‘水库’，怎样做才能造‘水库’，请给予具体指导。否则，我们不可能搞水库式经营。”

松下一瞬间露出稍许困惑的表情，沉默片刻后答道：“具体办法我也不晓得，但我晓得经营要留余裕，你必须得这么想。”松下讲这句话后，没有再做具体说明。“问的是造水库的具体的方法，回答却只强调要有造水库的想法”，听众以为答非所问，哄堂大笑。这里应了一句古语：“下士闻道，大笑之。不笑不足以为道。”

但是稻盛先生与众不同，松下说这句话像电击一样，深深地触动了他。具体怎样去赚钱，如何去造“水库”，各个企业因情况不同而千差万别，不能生搬硬套。企业经营既不是别人能教，又不是教了就会的事情。但是，首先“你必须得这么想”。思念是“因”，没有“因”，哪来“果”？“心不想，事怎成？”独有他理解了松下讲话的真髓。

因为稻盛先生有类似的经验，又喜深思，所以稍受启示，会立即引起强烈共鸣。“思念”

的决定性作用（即方程式中的第一要素）可以从上面的故事中窥见。首先从要搞“水库式经营”这个想法开始，这个想法、“思念”或者说念头强了，就会促使你千方百计把心中的念头变为现实。就能够实现“水库式经营”。

稻盛先生说，松下的讲话使他再次明白了“思念”“心态”“思维方式”的重大意义。日语的“思维方式”就是“心中所思”，就是“用心进行的思考”。

稻盛先生说，此后他结合经营实践，提出了“人生・工作结果＝思想・人格 × 热情 × 能力”这一方程式，并反复向员工解释。稻盛通过从松下得来的重要启示，自己的观念得到确认，并用自己的方式表述，与员工共享。

个人也好，企业也好，工作也好，人生也好，几乎就由这个“思想・人格”来决定。这个方程式中的“能力”和“热情”固然重要，但人的思想观念、心态或叫“思想・人格”更为重要。因为三要素之间是相乘的关系，所以每个人的工作和人生可能产生巨大差异，就是同一个人，由于思想观念的改变，他的人生可能发生180度大转弯，可能转好，也可能变坏。所谓“念头稍异，境界顿殊。”

稻盛少年时代阅读《生命的实相》、思考疾病根源时，开始意识到人“心态”的重要，而松下的话如雷贯耳，稻盛先生感到自己的想法在大企业家松下那里得到了确认。稻盛先生提出这个方程式，与《生命的实相》的作者以及松下虽然是“英雄所见略同”，但是又发展了谷口雅春及松下幸之助的思想。

用简洁明了的方程式来表达工作，表达人生，表达成功，又表达得这样精彩，可以说是创举，是史无前例。

越单纯越容易深入人心，容易为一般人理解和记忆。我相信一定会有更多的人接受、研究、记住、运用这个方程式，取得自己人生和事业辉煌的成功。

天风哲学和“愿望”

不久，稻盛又接触到日本著名哲学家中村天风的哲学思想，进一步确认了方程式中第一要素对人生的作用。天风先生出生于明治末年，从小就是顽皮大王，小学时曾因打闹致人死亡，被学校开除。个人经历曲折多舛，20岁前后患严重肺结核，肺部有一个大洞，吐血不止。濒死之际，拜印度一位瑜伽圣人为师，潜心修行，不仅奇迹般地起死回生，恢复了健康，而且从此大彻大悟，事业、人生大获成功。

天风先生反复强调：“不管你人生中发生过什么，不论你过去做过什么，你今后的美好人生全由你的积极心态来决定。

“这个宇宙对任何人都是平等的，它保证

每个人都有幸福美好的未来。不管你现在处于何种逆境，遭遇何种不幸，一个光辉灿烂的前景正等待着你。能否得到它，全在于你的心态如何。

“自己的未来中，正有美妙的好运等着你，请相信这一点。不要憎恨别人，不要忌妒别人，不必愤世嫉俗，抛弃一切阴暗的思想，保持开朗的心境，点燃希望的火光，相信人生的幸运必然到来，无须任何疑虑，满怀信心朝前走。

“人生因自己的人生态度不同而迥然不同，仅此而已。但人们却不懂这一简单的真理，因为不懂，所以迷惑，所以人生就暗淡无光。只要相信这一点，你的人生必然前程似锦。

“对自己的未来决不可持悲观的想法，要坚信自己的前景光明，幸运必将光临，并为此不懈努力。”

稻盛先生 30 多岁时读到天风先生的著作，对他的思想非常佩服。同时对方程式中的“思想 · 人格”的重要性更加加深了认识。

后来稻盛先生在京瓷公司内提出如下口号，也受天风哲学的影响，或者说是在天风哲学的基础上进一步发挥。

“以渗透到潜意识的、强烈而持久的愿望和热情，去达成自己设立的目标。”

这里的“愿望”，是方程式中的“思想·人格”，或叫“思维方式”的另一种表述。无论如何也要达到目的，这样一种“渗透到潜意识的、强烈而持久的愿望”，是事业成功的前提。

在强调“愿望”必须强烈的同时，稻盛又强调“愿望”必须纯洁。办法之一是“每天反省”。稻盛先生说：“每天都要反省自己有无利己的思想和行为，如有，就要极力排斥。通过这样的反省来净化心灵，非常重要。”

因果法则

差不多与此同时，稻盛先生从另一位日本著名哲学家安冈正笃那里知道了中国明代《了凡四训》中袁了凡的故事。故事讲到：一个人观念的转变可以彻底改变他的整个人生。这就是“善念生善果，恶念结恶果”的因果报应法则。这里对人的观念（心态、理念、愿望、想法等），除了用“强烈”“纯洁”等词来描述外，又引入了“善”的概念。

几十年来，在我们中国，反而很少有人知道袁了凡和他的故事。直到近年来，中国兴起了国学热，《了凡四训》才开始广泛流传。但早在20世纪60年代，稻盛就熟知了袁了凡的故事，而且立即抓住这个故事的本质，即其中隐含的“命运和因果报应”的法则。这个法则是构成稻盛人生观的重要基础。

在相当长的一个历史时期，我们把所谓“命运和因果报应”看作是迷信，作为腐朽的东西批判否定。而稻盛先生却化“腐朽”为神奇，从青年时代起就相信了宇宙中冥冥存在着的命运法则和因果报应法则，相信“祸福无门，唯人自召，善恶之报，如影随形”，并终生实践这条法则，用自己的亲身经历证明了这一法则的正确性，还不断向他的员工和企业家塾生们宣讲。

有关善恶的因果报应，稻盛不仅常常引用袁了凡的故事，他还喜欢引用《易经》中“积善之家必有余庆，积不善之家必有余殃”这句经典。善和不善是“因”，庆和殃是“果”。这因果甚至延及子孙后代。

稻盛有位朋友，常请高人算命。有一次他在请某高人为自己算命之余，还特地请他为稻盛算一算。卦算的结果，本来的命运中，那年是稻盛的凶年，或健康或事业将受重挫。但当时稻盛风华正茂，意气昂扬，京瓷也是一派繁荣景象。那高人的结论是，稻盛做了非同寻常的好事、善事，积了大善，因而改变了原本的命运的走向。

听朋友这么说，稻盛先生付诸一笑。但既有“余庆”“余殃”，当然该有“本庆”“本殃”。就是说，“积善”还是“积不善”，福祸不仅延及子孙，更是“现世报”，直接影响本人的人生和事业。而稻盛的方程式正好清晰地表达了这种因果铁律。而如果人有来生后世，这“本庆”“本殃”，即后世是福报还是恶报，都将由本人自作自受。

后来，稻盛先生又认真学习了佛教的有关论述。并写了一本以青少年为对象的书——《活法青少年版：你的梦想一定能实现》。出版后自购 1000 册，送给日本全国各少年教养院。犯错误的少年们纷纷写信表示，“读了您的书，有了重新做人的勇气，出教养院后，一定要成为您所说的善良的人”。

二宫尊德的诚实与勤奋

后来，稻盛先生又读了明治时代宗教家内村鉴三写的《日本人的代表》一书，其中谈到了农夫二宫尊德的事迹。稻盛先生说，自己将方程式中的“理念·人格”和“努力”列为人生与经营的主要因素的观点，在二宫尊德身上得到了印证。二宫尊德的诚实和勤奋以及由此获得的成功，具有典型的意义。

二宫尊德生于江户时代，自幼父母双亡，由伯父扶养。从少年时代开始，就从早到晚、披星戴月在田间劳作。夜里在油灯下读书，因为耗油，遭受伯父斥责，想学习却不能如愿。据说他每天只睡两个小时，拼命工作，用一把锄头，一把铁锹，把荒地改造成良田。许多人慕名请他，在他的指导和带领下，600多个贫困的村庄变成了五谷丰登的富乡。晚年为“幕府”起用，登上江户城楼时，一介农夫二宫尊德的言谈举止，他举手投足间透出的气质，与天生的贵族毫无二致。

日复一日地辛勤劳动，精益求精地努力工作，不仅可以获得物质和金钱的报酬，而且忍受艰苦本身就是最好的精神修炼，是磨炼心志、净化灵魂、提升人格最有效的办法。

二宫尊德认为：“无论做何事，如不全身心投入便是罪过。”

同时二宫尊德又是赤诚之人，他毕生从不动摇的信仰就是诚实，他对世故和权术一窍不通，他相信只要真心诚意，就能够感天动地。他认为事情办不成，原因在于诚意不够，只要诚意传达到位，上苍也会协助你成功。他说：“转祸为福，唯有至诚，非权谋算计所能及也。”就是说“至诚”超越一切聪明和智慧。他又说：“精诚所至，动天地而泣鬼神。”这同我们的前人所说“唯天下之至诚能胜天下之至伪；唯天下之至拙能胜天下之至巧”如出一辙。

二宫尊德虽然只是日本旧时代的一个农民，但他的所想所做，引起了稻盛先生的共鸣。稻盛先生十分推崇他，在讲演和著作中多次提到他，在谈到成功方程式时又以他为例，这当然不是偶然。稻盛先生及他的京瓷公司，和二宫尊德在根本上乃是一脉相承。

福泽谕吉的话和方程式

明治时代的思想家福泽谕吉曾经对“实业社会的大人物”，也就是成功的企业家应有的形象做过如下勾画：

思想深远如哲学家，

心术高尚正直如元禄武士，

加上小俗吏的才干，

再加上土百姓的身体，

方能成为实业社会的大人物。

稻盛先生读到这段话时很有感慨，觉得福泽所描绘的理想的实业家所需的素质，同自己提出的方程式中的三要素不谋而合。

做一个真正成功的企业家，需要兼备“哲学家”“武士”“小俗吏”“土百姓”四种人的长处，将它们合于一身。

所谓“哲学家”，就是指具有深刻思想、善于探究事物本质的人。元禄时代的武士崇尚忠义，人格正直高尚。颇像我们《三国演义》中的关云长。“小俗吏”指明治政府的基层官吏，他们往往灵活、狡黠，善于弄权，甚至善于行贿受贿，但同时他们头脑反应敏锐、富有才干。他们“俗”的一面固然不可取，但是他们身上的那种精明能干，却是经营者也必须具备的素质。“土百姓”就是农夫，他们身体强健、吃苦耐劳。

稻盛先生说，“土百姓”的身体，指顽健的体魄，不怕吃苦，可以做出不亚于任何人的努力；“小俗吏”的才干，如果放任不管，可能被“恶用”，但这种才干相当于经营者的“商才”或“能力”；而“思想·人格”则相当于“思想深远如哲学家，心术高尚正直如元禄武士”。福泽谕吉的话，实际上用另一种说法强调了“实业社会的大人物”即成功企业家的三种必要素质，特别是其中的“思想·人格”。稻盛先生说，读了福泽谕吉的话，自己对方程式中三要素的重要性有了进一步的、更深入的理解。

福泽谕吉对成功企业家的描述，不仅一般的中国人不知道，也很少被日本人提起，但对稻盛先生而言，却是金玉良言，引起了他强烈的共鸣。特别是实业家中的大人物，应该深思熟虑，善于抓住事物本质，具备哲学家的素养，同时具备正直高尚的人格。而这一条，正是稻盛先生最显著的特征。

心灵似庭院

英国启蒙思想家詹姆斯·埃伦一生写过19本书，1902年出版的《原因和结果的法则》是他的代表作。这是一本常年畅销书，据说在相当时期内它的销量仅次于《圣经》。

稻盛先生非常喜爱这本书，近年来在多次讲演中都大段引用书中精辟的论述。稻盛先生说："詹姆斯·埃伦告诉我们，人生全部取决于心中所抱的想法。于是我想出了'人生·工作的结果＝思维方式×热情×能力'这一方程式。我认为思维方式决定一切，我坚信这一真理并付诸实践。而詹姆斯·埃伦用他的语言表述了我的信念。我认真阅读了日文版的《原因和结果的法则》这本薄薄的书。'思想塑造人生’，‘思维方式’或叫‘理念·人格’决定了工作、经营和人生的结果。”

100多年前，詹姆斯·埃伦的这一核心观点，与稻盛成功方程式不谋而合。詹姆斯·埃伦这样表述他的思想：

人的心灵像庭院。

这庭院，既可理智地耕耘，也可放任它荒芜，无论是耕耘还是荒芜，庭院不会空白。

如果自己的庭院里没有播种美丽的花草，那么无数杂草的种子必将飞落，

茂盛的杂草将占满你的庭院。

出色的园艺师会翻耕庭院，除去杂草，

播种美丽的草花，不断培育。

同样，如果我们想要一个美好的人生，

我们就要翻耕自己心灵的庭院，将不纯的思想一扫而光，

然后栽上清纯的、正确的思想，并将它培育下去。

就是说，你想在自己的心中播种美丽的花草，你就要翻耕自己心灵的庭院。如果放任不管，就会有杂草的种子飘落，就会杂草丛生，满庭荒芜。

拔除自己心灵庭院中的杂草，耕耘这个庭院，播种自己希望的、美丽花草的种子，精心地浇灌，施肥，管理。

所谓美丽花草的种子，就是善念，就是稻盛方程式中优秀的思维方式。而所谓精心地浇灌、施肥，就是不断学习好的思想和好的思维方式。

詹姆斯·埃伦又说道：

我们选择正确的思想，并让它在头脑里扎根，我们就能升华为高尚的人。

我们选择错误的思想，并让它在头脑里扎根，我们就会堕落为禽兽。

播种在心灵中的一切思想的种子，只会生

长出同类的东西，

或迟或早，它们必将开出行为之花，结出环境之果。

好思想结善果，坏思想结恶果。

就是说，在自己心灵的庭院里种下美丽的花草的种子，精心照料，就可以结出丰硕的成果。反之如果疏忽了照料，就会招致杂草丛生的结果。因此，“心中想什么不是自己的自由吗”这种说法不对。一定要把心灵打扫干净、把自己的思想变得纯洁。这不是为了任何别人，而是为了自己的人生和经营。詹姆斯·埃伦总结得太好了。

稻盛说：我在青年时期，就创建了做人的正确哲学，与员工们共有这种哲学，由此来打造优秀的企业，让大家都获得幸福。我把这些话挂在嘴边。这就是播下美好的种子并培育它成长。

同时，詹姆斯·埃伦还说过以下一段话：

心灵是创造的大师。我们就是用“心灵”、用“思想”这些工具塑造了自己的人生，在这过程中，生出各式各样的喜悦或悲伤。

我们会成为自己心中想象的那个自己。我们心中怎样思考，我们就会成为怎样的人。围绕着我们的环境，或者说我们的处境，不过是映衬出真实自我的一面镜子。

稻盛先生说：把这句话放在企业经营中，企业周围的环境，正是企业经营者和企业员工心灵的写照。如果企业做了坏事，受到社会的谴责或者破产，那是包括企业历代经营者在内的相关人员错误的思维方式招致的。

詹姆斯·埃伦还有以下的表述：

人是“思想”的主人，是人格的创造者、自己环境和命运的设计者。如果我们认为自己不过是环境的产物，那么我们的命运只能随环境的变化而沉浮，甚至为环境所击倒。如果我们认识到自己就是创造者，营造环境的土壤和种子就是自己的心灵，而心灵可由自己自由掌控、管理，那么，我们就能成为自己人生贤明的主人。

关于成功，詹姆斯·埃伦说道：

一个人如果想要获得成功，必须牺牲自己很大一部分的欲望。想要获得成功，必须付出相应的自我牺牲；想要获得大的成功，必须付出大的自我牺牲；想要获得最大的成功，必须付出最大的自我牺牲。真正的成功是坚忍不拔的努力和纯粹利他思想的产物。

正如稻盛先生所说，在100多年前，詹姆斯·埃伦就已经用自己的语言表述了稻盛成功方程式中的信念。

泰戈尔的诗文

只有方程式中的“思想・人格”是正值，就是说只有不断提高心性，我们才能不断对事情做出正确的判断。为了进一步说明方程式中的“思想・人格”有正负，或者说，在我们每个人的心中都同居着利他的真我和利己的小我，而利己的小我又有多么顽固，同时为了提醒我们时时意识到这一点，并鄙视和排斥这个卑贱的小我，稻盛先生常常引用泰戈尔的诗文：

我只身来到神的面前。
可是，那里已经站着另一个我。
那个暗黑中的我，究竟是谁呢？
为了避开他，我躲进岔道，

但是，我无法摆脱他。

他公然在大道上迈步，卷起地面的沙尘，

我谦恭地私语，他高声地复述。

他是我身上的卑微的小我，就是自我。

主啊，他不知耻辱。

我却深感羞愧。

伴随这卑贱的小我，

请容许我站在您的门前。

稻盛先生解释道：泰戈尔知道，在自己的心中存在着善与恶两个人。来到神面前的时候，已经有另一个自己在那里了。在黑暗中的那个我到底是谁。我因为不喜欢那个人，故躲进岔道试图躲避他，他却在大道上阔步前行，卷起沙尘，气势张扬。我轻声地自言自语：“我很想要那个。”他却高声吼叫：“快把它给我！那就是我的！”他就是居住在我心中的那个卑贱的小我（自我）。“因为伴随着这样一个卑贱的小我，我感到耻辱。”这就是泰戈尔想要表达的主题。

也就是说，善良的利他之心和贪欲的利己之心，在人的心中同居。泰戈尔理解这一点。他告诉我们，应该让那个拥有高尚的、善良的、利他之心的我成为主人公。

但是，与充满私欲的、任性的小我同在，即使你深以为耻，试图离开它，也无法做到。因为那个人也是你自己。

这时候，为了抑制那个卑贱的自我，就是充满私欲的自我，宗教家们会进行严格苛刻的修行。那些被称为圣人的人中，或许有人能够完全抑制卑贱的自我。但是，要达到那样的境界，对于我们一般人来说是非常困难的。

但是，即使无法完全做到，但是祈愿自己成为那种优秀的人，时时留意自己的心态，努力去抑制私心私欲，这应该能够做到。而这种努力本身就非常重要。私心私欲越少，相应的，利他之心就能发扬光大，自己就能具备高尚的人性。

同泰戈尔一样，稻盛先生深刻理解人心。

要彻底排除利己的小我，或许圣人和开悟的人能做到。我们凡人无论怎么努力也做不到。但是即使做不到，我们仍然要付出努力，努力向这个方向接近，哪怕只是一小步，努力做一个较为高尚的人、较为纯粹的人。所以，问题不是能不能开悟，能不能成圣，而是要不要走作为人本来就应该走的正道。能这样想这样做的人，和不这么想不这么做、稀里糊涂、浑浑噩噩生活的人，他们的人生和工作的结果将迥然不同。通过努力工作，不断反省，磨炼灵魂，提升心性，我们就会心明眼亮，就能对事情做出正确的判断，就能获得工作的成就和人生的幸福，并影响周围的人。如果是组织的领导人，他还能把集团引向成功。

释迦说“心”

稻盛先生有时把方程式中的“思想·人格”直接称为“心”（日文汉字“心”，跟汉字的“心”完全一样。但译成中文，只能根据语境译成“心”“心性”“心态”“心灵”或“心地”等）。他说方程式中的“热情”或“努力”又是“心”的产物，可见这个“心”有多么重要。

稻盛先生的人生转折，在于新技术和新产品的成功开发。他说，像他这样的人往往相信“技术万能”或“科学万能”。但是自己从年轻时开始，就意识到比科学和技术更重要的是“心”。走上社会后，更深切地体会到人的“心”或者说“心态”，对人生的关键作用。他反复地、执着地思考“人生的意义”“人生的目的”。结论是人生根本的目的、意义不是别的，就是“提高心性”“净化心灵”。为什么呢？他引用了《佛教圣典》中释迦牟尼佛说“心”时的诗一般的语言：

这个世界由心指引，由心牵动，由心支配
迷乱之心，让世界充满烦恼

万物以心为先，以心为主，由心产生
以污秽之心指导言行
苦难就跟随他
如同车跟随拉车的牛

以善良之心指导言行
欢乐就跟随他
就像影子跟随身体
行恶之人，遭受恶报而痛苦
行善之人，领受善报而快乐

心污浊
人生之路崎岖不平
必会因此而跌倒
心清纯
人生之路变得平坦而安宁

以身心纯净为乐之人
可破恶魔之网，在佛道上行进
心净之人得安乐
愈加努力，日夜修心

心灵污浊的人，必定会在人生道路上跌倒。成功和幸福一定会光顾心灵美好的人。稻盛先生说，这个道理同样适合于经营。经营者心地纯洁，他的事业就稳定。方程式中人生和工作的结果，主要由“心”决定，所以他把“提高心性，扩展经营”当作金科玉律。

阳明心学

500年前王阳明因主持公道，受奸臣刘谨迫害，遭廷杖四十之后，被贬谪至当时的荒蛮之地、贵州修文县龙场驿任驿长。在痛苦、屈辱、艰难之中，阳明先生日夜思索天地人生的真谛。“忽中夜大悟格物致知之旨……始知圣人之道，吾性自足，向之求理于事物者误也。”也就是说：“心即理也。此心无私欲之蔽，即是天理，不须外面添一分。以此纯乎天理之心，发之事父便是孝，发之事君便是忠，发之交友、治民便是信与任。只在此心去人欲、存天理上用功便是。”

阳明先生“龙场大悟”，乃是超越时空的人类最高智慧的巨大闪光。他一语喝破：人心中的良知即是天理，天理即良知。

茫茫天理为何物？阳明先生告诉我们，天地间最根本的规律并非抽象而不可捉摸，它同我们心中的良知原本是一回事。所谓“致良知”，就是说，只要抑制私欲，把良知发挥到极致，贯彻至工作、事业、人生的方方面面，就等于遵循了天理。遵循了天理，事事都能做对、做好、做成功。

墙内开花墙外香。作为“千古圣贤相传的一点真骨血”，阳明心学在中国长期遭受冷落。而“此学不明，不知此处耽搁了几多英雄汉。”

特别是近代几十年中，中国有许多人把阳明心学作为唯心主义口诛笔伐，而日本人却视它为珍宝。阳明心学在日本被称为“阳明学”，几百年来一直在日本社会脉脉相传。明治维新的英杰西乡隆盛和大久保利通都把王阳明的《传习录》奉为圭臬。

西乡的人生信条是“敬天爱人”。西乡是稻盛心目中的大英雄。西乡的墨宝“敬天爱人”四个苍劲大字，一直作为京瓷公司的经营方针，被悬挂在稻盛办公室墙上的正中央。

方程式的第一要素“思维方式”，被称为稻盛哲学的原点。用一句话来讲，就是把“作为人，何谓正确”作为判断一切事物的基准。

把“作为人，何谓正确”作为判断和行动的基准，把作为人应该做的正确的事情用正确的方法贯彻到底。换句话说，也就是一切“按天理良知办”。27 岁的稻盛从经营企业的烦恼中获得的这一灵感，犹如醍醐灌顶。这是发生在稻盛身上的、体现人类最高智慧的“开悟”。这同王阳明 500 年前的龙场大悟，完全是一回事。

稻盛先生说：“心纯见真，清彻纯粹的心灵可以看见真相。充满利己的心目中，只看到复杂的事相。”因为认识事物的主体是人，当人的心灵被自私的灰尘蒙蔽时，事实真相在他心里是一片模糊。就是说他看不见真相，甚至不愿直面事物的真相。这样的人难免判断错误而导致失败。阳明先生说：“人欲日消，天理日明，智慧日增。”“心静如水，良知清澈，自能临事不乱，应变无穷。”稻盛和阳明似乎隔着时空对话，心心相印。

另外，阳明先生讲“知行合一”，即“知之真切笃实处即是行，行之明觉精察处即是知。”稻盛先生则一贯提倡“以渗透到潜意识的、强烈而持久的愿望和热情，去实现自己设定的目标”。这两者间亦有异曲同工之妙。

阳明先生的“事上磨炼”与稻盛先生的“付出不亚于任何人的努力”也是同义。真所谓“英雄所见略同也”。

以上几节，一方面说明稻盛先生思想发展的脉络，另一方面从别的角度说明方程式中“思想・人格”“思维方式”的含义。在稻盛先生这里，心、心态、思想、思念、愿望、想法、意识、理念、观念、人格、精神、哲学等意思大同小异。而这些无一不对人生对事业对社会有巨大作用。人讲求一个精神境界，你怎样想，就会成为怎样的人。

下面再具体介绍、阐释稻盛先生对成功三要素，即能力、热情和“思想 · 人格”的有关论述。

第三章

成功三要素

能力

1　做不到的事要如实承认

稻盛先生说：

1955年4月，大学毕业初次就业时，我是一个地道的乡巴佬。此前从没有在大城市生活过，说话有浓重的九州地方口音。每当电话铃声响起，我都祈望有谁快来接听，因为我不想让别人知道我的鹿儿岛方言。总觉得自己处处不如别人。

后来我意识到，不应该被一种劣等感所支配，应该坦然承认自己的缺点，下决心努力克服它。这样就不会有过多的挫折感。

我对自己说："我是乡巴佬，从乡村大学出来，社会上的事情什么都不懂，缺乏常识，因此必须从最基本的东西学起，比任何人都要更努力，否则，我就无法成功。"

就是说，不否定自己的弱点，而是如实接受它，不必刻意掩饰，这样反会觉得轻松，这种态度是进步的起点。

在京都一家小公司工作时，我学到了这一点。从那以后，在我的人生中，我曾多次对自己重复上面这些话。

实际上做不到的事，不要假装能做到。首先承认有做不到的事，才会知道自己应该怎样开始。

我认为人的能力总有局限，或者说有适应性。不承认这一点，勉强去做不适合自己的事，比如，叫歌手去搞体育，叫短跑选手去搞大相扑，即使花九牛二虎之力也难出成果。把精力用在发挥自己的长处上，往往事半功倍。相反，如果把精力用在克服自己的短处上，则常常事倍功半。

“人贵有自知之明”这句话，提醒人要知道自己的短处和不足。但是我认为，这句话还有更为重要的含意，就是要明白自己的长处和优势。一个人的优点像太阳，缺点像月亮。当太阳大放光芒时，月亮就看不见了。一个人的长处充分发挥并取得显著成效后，他的弱点将变得不很重要。

“人贵有自知之明”这句话最重要的含义，就是要意识到自己作为人本来就具备的“良知”，并把良知发扬到极致，即事事对照良知采取行动。

当然，正如稻盛先生所说，我们首先要如实承认而不是掩饰自己的弱点，这样心里很坦荡，并且能够明白自己应该努力的方向，懂得扬长避短，才能开始向成功迈进。

2 超越平庸

稻盛先生说：

现在的教育制度，只要各门课程勉强及格，就能升级，就能毕业。这同通过极大努力，取得门门课程优秀的学生，表面上似乎没有太大区别，及格和优秀一样能毕业。但两者之间，不仅是成绩差二级，而且包含更重要的本质差别。成绩全优的学生，为了出类拔萃，必须突破若干的壁障，而在这过程中，有时必须做出拼命的努力。

满足于及格就行，还是敢于不断地向“第一”挑战，不单纯是一个成绩高低的问题，这反映了两者精神上的差异。

如果要实现高目标，必须超越多重壁障，而最大的壁障，是自己的一颗追求安逸的心。

只要战胜自己，就能克服其他的壁障，取得卓越的成果。人有好逸恶劳的倾向，主动激励自己，不断克服困难向前进，是一件难事。但是，当努力获得成功时，内心的喜悦是难以形容的。

人最伟大的能力，就是战胜自己的能力。

稻盛先生所说的“战胜自己的能力”，跟方程式中先天的能力有区别，这种能力主要是靠后天有意识培养的一种能力。

天才和白痴都是少数，除这两种人之外，一般人在先天能力方面，虽然各有特色，但总的来说，差别不会很大。因此，通过后天有意识培养的能力，就非常重要。比如这里讲的“战胜自己的能力”，就不能说是某些人独有的天生的能力。靠教育训练，特别是在努力工作的过程中，通过提升“思想·人格”就可以培育和加强这种能力。

“战胜自己”究竟难不难呢？这是一个“禅问答”。“为之，则难者亦易矣；不为，则易者亦难矣。”

战胜自己这种“最伟大的能力”不但是优秀学生，可以说是所有成功者共有的能力，你想成功就必须具备战胜自己的能力。

3 战胜自己

稻盛先生说：

一个学生头脑不很聪明，但非常用功，以优异成绩毕业。另一个学生头脑很聪明，不用功照样轻松毕业。后者评论前者，说：“那家伙拼命死读书，成绩好有什么了不起，我要是认真起来，他才不是我的对手呢！”

毕业之后踏上社会，看到前者获得成功，后者又会说：“那家伙学生时代并不怎么样，我可比他强多了。”贬低同学。言下之意，自己的能力比成功者更强，更大的成功属于他自己才对。

事情果真如此吗？“拼命死读书”意味着

少玩乐，少看电视，少追求眼前的快乐，意味着必须战胜自己。同样，事业上获得成功，也意味着必须抑制贪图享乐的欲望，全身心投入工作。

战胜自己，需要强大的意志。在评价人的能力的时候，应该把意志的强弱考虑进去。意志软弱，回避与自身做斗争，一味选择安逸，这种人的能力归于低劣。

在漫长的人生旅程中获取成功的能力，决不仅仅限于所谓的“智能”。

能力是一个综合概念。稻盛先生为什么要把意志的强弱也归入能力的范畴？因为意志力或自我克制力，是立即起作用的、最现实的能力。意志软弱的人即使聪明也难有出息。

我们常说，最大的敌人是自己，只有先战胜自己，才可能战胜困难或者战胜对手。所谓“战胜自己”，就是让一个正直的自己战胜一个虚伪的自己；让一个积极的自己战胜一个消极的自己；让一个谦逊的自己战胜一个傲慢的自己；让一个勇敢的自己战胜一个卑怯的自己；让一个乐观的自己战胜一个悲观的自己；让一个踏实的自己战胜一个浮躁的自己；让一个不断追求理想的自己战胜一个一味追逐名利或者一味贪图安逸的自己。稻盛先生说，战胜自己与其说靠“智能”，不如说要靠意志。

意志是什么？人的意志是人的“生命工具”。既然是工具，就可以而且应该好好使用，并在使用中磨炼。坚强的意志是成功的必要条件，它与先天的“智能”并没有多大的关系。懂得这一点极为重要。

智商一流的名牌大学毕业的高才生，曾经在全国范围内专门选拔、集中培养的天才少年班的成员中，后来真正获得预期成功的也只是少数。因为他们虽然个个天资非凡，却未必都具备明确的信念和坚强的意志。

4　胆大心细

稻盛先生说：

人的性格大致可分两类：一种人细致、周密、一丝不苟，趋于内向；另一种人豪爽、大胆，归于外向。织布需要经纱和纬纱，事业成功需要两种性格兼而有之。

历史剧中常有剑客登场，外表上显得漫不经心，甚至醉态可掬，但对背后偷偷袭来的敌手却不失警惕之心。拔剑，向后一击而中，观众为之喝彩。主人翁豪爽的外表之中，内藏着分毫不差的纤细的神经。

光是大胆豪爽，难以将工作做到完美无缺；只靠细致缜密，无法产生挑战新事物的勇气。事业需要豪爽和细致、两种正反相对的性格兼备的人物，在需要豪爽时做到豪爽，需要细致时做到细致。一个细心而敏锐的人，在积累了丰富的实践经验，并产生了真正的勇气之后，才算得上一个比较理想的人才。

生来就兼备两种性格的人很少，但是，不管原来是哪一种性格，只要通过有意识的努力，就可以兼备两种性格，而且让它们在高位平衡。

豪爽的性格也好，细致的性格也好，为弥补和完善自己天生的气质，必须做出相应的努力。

性格的完善和平衡，显示一种能力水准，也是一种必须通过努力才会提高的能力。豪爽有余、细致不足，容易流于“蛮勇”，往往把事情搞砸。而细心有余、胆气不足的人也难成大事。

一般而言，一个做事谨慎、一丝不苟的人，在实践中练出了胆略，往往可委以重任。而生性豪爽的人，要训练出纤细的神经，则比较难些。但是，只要“有意注意”，某种程度上使豪爽、细致两者兼备，是可能的，也是必要的。

同时磊落豪爽、富有人格魅力的人，可以

吸引头脑冷静、处事周密的人，彼此取长补短，共成大事。

5　抑制本能心

稻盛先生说：

人生来就兼有本能和理性两个方面。要吃要喝，要争要斗，有占有欲，有妒忌心，所有这些，都是为了维持自己的生命，企求家族的繁荣，出于自我保存的本能。人们往往基于这种本能，对事物进行判断，这就与动物没有区别。如果能够对状况进行客观的观察，人应该可以做出更好的决定。

抑制本能非常重要，有意识地抑制本能，人的心中才会产生让理性可以进入的空隙，人才能进行逻辑思考。问题在于人在多大程度上，能用理性来控制自己的行为。

抑制本能并非易事，人缺少本能就无法生

存。我并不主张完全排除本能，重要的是：人不能受本能的支配。我们应该用意志的力量来抑制住本能。

人顺从本能是自然的事，所以抑制本能非常困难，不是简单就能做到。在利己的欲望刚刚冒头的瞬间就察觉到，并为抑制它而有意识地做出努力。

必须学会控制本能心。这样会使理性活跃，提高我们对事物做出正确判断的能力。

人饿了要吃饭，否则不能维持生命，想吃饱吃好是人的本能。但吃多了反而损害健康，而用公款大吃大喝就超越了道德和法律的界限。

不仅是食欲，人的其他本能的欲望也无不如此，一定限度之内是天性，是生存和发展的必需，超出限度，必将扼杀理性，所谓“利令智昏”“欲令智昏”就是这个意思，结果必然是损人害己。

我们不是清教徒，不必片面强调“清心寡

欲”，但抑制本能的欲望，不使膨胀，“发乎情，止乎礼”，从而腾出空间，让理性发挥作用，做出正确判断，把事情办好，这却又是一种我们应该具备的能力，也是靠有意识的努力来培养的能力。

6　将意识聚焦

稻盛先生说：

所谓理性，是指人的心中用于逻辑思考和判断的那一部分。运用理性时，要将意识聚焦，正像为了点火，用透镜将太阳光线聚焦一样。将意识集中，叫作“有意注意”。与此相反，比如突然听到巨响，不禁大吃一惊，这种本能的反应叫作“无意注意”。

人通过对理性的有意识的训练，可以像激光光束一样，随时将意识高度集中。可以在必要的一瞬间，启动理性，抓住问题的核心。

进一步说，人的心，如果从本能及利己的欲望中解脱出来，获得自由，那么就能从中发挥出一种比理性还要敏锐得多的、强大的力量，就是所谓“灵感”。它迅速、正确而且明确，它的出现，不需经过烦琐的分析和复杂的逻辑思考。历史上的伟人，往往因为获得“灵感”而成就其伟业。但是这种“灵感”究竟为什么会产生，它是怎么来的，好像大家都不太明白。

为解决某个问题天天苦思冥想，伤透脑筋，某个瞬间突然心中一亮，计上心来，宛如神的启示。勇敢面对逆境，不断追问“作为人，何谓正确？”始终坚持人间正道，同时一味埋头苦干，那么自助天助，上帝就会给你“灵感”，使问题顺利解决。

感动上帝，让上帝肯慷慨地赐予你“灵感”，这也是一种能力。获得这种能力的前提，一是摆脱私欲的束缚，让心灵获得自由。二是埋头工作，殚精竭虑。而这两者正好与方程式中的

“思想·人格”和“努力”两项相对应。

稻盛先生在这里提到了“有意注意”这个概念。“有意注意”是日本著名哲学家、已故中村天风先生在《研心抄》一书中着重研究的。所谓“有意注意”，就是能动地、有意识地去关注某一特定的事物。“有意注意”是可以通过训练培养的一种能力。“有意注意”由兴趣引起，而兴趣可以培养。“有意注意”的特点是：可以用同样强度的注意力去关注呈现在你面前的各种事物和问题，可以自由地从一个跳到另一个，正如探照灯用同样的光度在必要的方向可以自由转动一样。这同只把心思固执地用于一事一物，不能轻易转向的“钻牛角尖”的心态完全不同。

“有意注意”的另一个反义词是“漫不经心”。漫不经心的人做什么也不会成功。

7 能力用将来进行时

稻盛先生说：

在设立长期目标的时候，我有意将自己的能力设定在超出现有水平的某一点上。换句话说，我选择自己现有能力达不到的目标，选定未来的某一时点达成这个目标。

为了到时实现目标，领导人必须有计划地提高自己及其团队的能力，提高到设定的目标所需要的水平之上。

谁都可以根据自己现在的能力，判断当前自己能做什么，不能做什么。但是，光这样不足以向新事物发起挑战。只有做出努力，使现时点不可能达成的目标，在将来某个时点一定实现，才能产生出惊人的成果。

想要向有价值的事物发动挑战的人，必须能够看到自己能力的现有水平及其未来水平两个方面。

能力有过去时、现在时、将来时，稻盛先生这个说法很独特。认真想想，事情确实如此。将自己过去某时点的能力，同自己现时点的能力做比较，再想一想自己曾做出了怎样的努力，那么就会明白：从现时起，应该如何努力，才能在未来某个时点，达到必要的能力水准。

用将来时看能力，就是相信人的能力会提高，相信上帝在创造人类时就让人类在各方面能不断进步。缺乏这个信念，拘泥于在现有能力下判断，是一种主观武断。

稻盛先生创业初期从客户处拿到的新订单，全是当时的技术能力做不到的。经过一段时间的努力，比如半年，提高了能力就一定能做到，他抱着信念向客户做出保证。但在期限内能否解决，并不能正确预测，这种风险逼迫自己的团队拼命努力。结果不但兑现了承诺，拿到了订单，又提高了技术，而且从中悟得了“能力要用将来进行时”这个重要的道理。

学生通过每天的学习，不断增加知识，提高能力。我们通过每天的工作，不断积累经验，提高能力。但这种一般性的学习和工作，因为缺乏特别的紧迫性，所以能力的提高往往慢且小。稻盛先生设立高目标，并限时达成，不给退路，迫使自己和部下快速而且大幅提高能力。这就是稻盛先生与我们的不同之处。

8 塑造自己的人格

稻盛先生说：

中小企业的经营者中间，有很多精力充沛、富有才干的人物。他们具有敏锐的商业目光，善于捕捉机遇，才能非凡。但是即使在这个人群里，能够获得很大成功的，也只是极少数，这是为什么？

多数企业家依靠的是自己个人的才智和能力，当然这些对于企业家而言，是必要的，但仅凭这些并不足以防止事业走向失败。许多中小企业的经营者，只凭个人能力打拼，为实现自己的目标，不断向风险事业挑战，但是，因为过分迷信自己个人的才能，往往最多取得一时的成功，事业难以长久。

如果缺乏坚强的心智，我们很容易成为自己才能的“奴隶”。

但是有一种人，他不做自己才能的“奴隶”，而能把这种才能发挥到极致，因为他具有优秀的人格。

高尚的、受尊敬的人格，是“主人”，它能够控制才能，使自己的才能在正确的方向上得到充分的发挥。

与生俱来的完美人格几乎没有。开始阶段，可以依靠自己的才智、能力以及好胜心取得某种成功，但要让事业持续成功，就必须努力提高心性，塑造自己高尚的人格。

这里谈到了方程式中的第三要素“能力”

和第一要素“人格”之间的关系。人“能力”的提高，特别是在正确的方向上充分发挥，不但离不开“努力”，更离不开“人格”。初步的成功可以靠能力，但进一步的、持续的成功必须靠人格。人如果稍有成功就盲目自大，做自己才能的“奴隶”，就意味着开始失败。要呼唤人格这位“主人”出来当家做主。只有具备高尚的人格，才能持续发挥自己的能力，并让能力提升。

不可恃才傲物，“别做自己才能的奴隶”这句话应该成为聪明人的人生格言，聪明才会变成“睿智”。

9 关于“能力”的问答

有人问：领导人是天生的，还是培养出来的？

稻盛答：我自己也经常思考这个问题，答案应是两者都有道理。同存在天才的运动员、音乐家、艺术家一样，也有天生就具备领导能力和领袖气质的人。但是，我相信，多数人即使不具备这种先天的才能，只要培训得当，照样可以成为称职的领导人，哪怕达不到杰出的程度。

而比能力更为重要的是领导人自身的努力以及作为领导人必须具有的基本的哲学。一个团体最可悲的是：领导人有才能，但对事物持否定态度，把团队引向错误的方向，结果使之破灭。

有人说，人的能力大体可分7种。一是语言能力，就是语言或文字的表达能力（如演说家、作家）。二是逻辑或数学能力，就是分析、推理和计算的能力（如数学家、科学家、法学家）。三是音乐能力（如歌唱家、演奏家、作曲家、指挥家）。四是空间或视觉能力（如美术家、建筑师、航海家）。五是身体或运动能力（如运动员、舞蹈家以及手脚灵巧的人）。六是社交能力、与人相处的能力（如社会活动家、营销专家）。七是内省能力，就是走进自我的能力（如思想者、哲学家）。当然，人的能力还有其他各种分类方法。不论是某种特定的能力，还是人的综合能力，确实存在个人先天的差异。但是如前所述，要将自己的能力或者长处充分挖掘，在现实中充分发挥，就少不了后天的“努力”。这是一个要点。另一个更重要之点是方向性。尽管腿粗壮，臂膊也粗，而拼命拉车，但如果方向相反，结果只会走向反面。

努力

1 工作的意义

稻盛先生说：

工作的意义是什么？我们为了自己的生存，为了抚养家人，需要通过工作获取报酬。但是，如果出生在一个富人的家庭，不用为生活而奔波，那又会怎样呢？当然日子可以很悠闲，可以过得轻松愉快。但总是虚度光阴，就会感觉到很无聊，难以忍受。所以工作不仅是为了拿工资，工作包含着某种比赚钱更重要的意义。

工作给人以精神的满足。事实上我们通过

工作，可以寻找到人生新的意义和体验。但是另一方面，日复一日的工作不免劳心费神。长期重复不为人知的事情，或者必须向非常困难的事情发起挑战，这种情况下，如果只是为了某种义务不得已才去工作，就只会觉得十分辛苦，辛苦的工作不得不持续多少年，真让人难受、痛苦。

那么，怎样才能把辛苦的工作变为有价值、有意义的事情呢？

首先，自己对自己说："工作就是乐趣。"有意识地努力重复这样的话，时间长了，就会从内心真的产生对工作的喜爱。

有没有终生投入的工作可做，是人生幸与不幸的关键，但首先要找到工作的意义。

工作不是苦差事，努力工作是人生幸福的条件，努力的过程本身是一种幸福。与其说由于竞争不得不努力，不如说人生本来就应该努力工作。树立这种"工作观"，抱这种信念投入工作，必会产生成效，从中自然萌生喜悦和满足。

人只有在工作实践中才能提高能力，陶冶人格。认清工作的意义，人才会持续努力工作。反过来讲，也只有在孜孜不倦的工作过程中，人才能进一步认识工作的意义和体味工作的乐趣。

稻盛先生刚就职时，因为企业各方面的条件太差，曾经不安心、发牢骚，甚至准备辞职。在这种心境下，当然发现不了工作的价值，更谈不上体味工作的乐趣。后来他意识到一味发牢骚无济于事，不如埋头工作为好。观念转变的瞬间，他果然迎来了人生的转机。全身心投入研究工作以后，不但开发出了新产品，有了杰出的成果，而且因此产生了强烈的自信，催生了他精彩的人生哲学。

2 突破壁障

稻盛先生说：

成功人士和非成功人士之差，不过薄纸一张。没有获得成功的人未必缺乏责任感，事实上其中不少人有诚意、有热情、工作努力，在这些方面他们与成功人士并没有什么区别。

尽管如此，有的人成功了，有的人却失败了，人们或许感叹世道不公。实际上，两者之间虽然只有一层薄纸之差，但是它竟是一层不易突破的壁障。

这个“差”是什么？是坚韧性和忍耐力。

失败人士在遭遇壁障的时候，一开始就认定壁障无法突破。换句话，他们努力是努力了，但努力到一定程度，就停顿了。这种人碰到障碍，总会寻找适当的借口，停止努力。

要实现看起来似乎不可能实现的事情，必须持续坚忍不拔的努力，必须打破自己头脑里的既成概念，“只能做到这一步了”。如果持有这种顽固的固定观念，那么就不可能突破壁障，如果超越界限，就能达至成功。

壁障最终必能突破，这种自负和自信，可以形成坚韧的性格，而这种坚韧性又会把我们引向更大的成功。

所谓成功，就是做到成功为止，成功之前不言放弃，不断克服达至成功过程中的困难、失败和障碍。换句话说，就是要成功突破壁障。

稻盛曾应邀为日立制作所的研究开发人员讲演，被问到京瓷开发新产品的成功率是多少时，稻盛答：百分之百。“这怎么可能！”日立的精英们不相信。稻盛说道：因为我们开发新产品的方针是必须成功，成功之前决不放弃。

成功人士有信念，他们遭遇壁障时，一开始就认定壁障必定会突破，然后千方百计努力突破壁障，结果就突破了壁障。非成功人士有时也很努力，但这种努力，因为缺乏信念支撑，在遭遇障碍和挫折时，就不能持续，结果往往功亏一篑，中途放弃了原本可以做成的事。

可见成功人士与失败人士之差，仅仅是一念之差，但这一念之差，却是重大的观念之差、信念之差，真是“差之毫厘，失之千里”。

3 热情开创新时代

稻盛先生说：

列举许多条理由，结论是“因此不可能”。这也没有，那也缺乏，不可能的理由总能找得出来。

如果大家都是这种精神状态，决不可能开拓新的事业。

首先，就是应该在什么都没有的前提之下，着手新事业。无论碰到哪种困难，一定要完成新项目，必须先有这种强烈的愿望。然后，为了达成目标，怎样调集必需的人才、资金、设备、技术等，要做出详细而明确的计划。在实施新项目的过程中，难免碰到预料之外的问题和困难，要克服它们，获得成功，必须有充分的自信，强烈的愿望，踏踏实实，一步一步去逼近目标。只要这样，我认为一定会梦想成真。

有人问你成功的概率是多少，你或许答不出，但这并不重要。要创造新事物，重要的不是统计数字，而是创造者的热情和意志。日本的明治维新，以及任何革命，都靠革命者的热情开创了新时代。

热情开创新时代，努力迎来新人生，这是革命者们，也是稻盛先生的经验之谈。在新的事业开始之前，虽然不能正确预测成功的概率，但是，“首先投入真正的战斗，然后再见分晓”，有这样的气概，事业才能开始。想办成事业，首先要有一股热情或者激情，而且始终保持它。然后千方百计、踏踏实实、不屈不挠、一步一步前进。一步一步积累起来，也会产生相乘效果，使量变成为质变，产生飞跃，达至成功，甚至超过意想的成功。

2001年10月28日在天津，我有幸邂逅稻盛先生和稻盛哲学，感动之余，我意识到这才是我们中国企业家，乃至中国社会迫切需要的东西，我决定努力学习、积极传播稻盛哲学。但是，因历史和现实政治的原因，中日之间有深刻的隔阂，常常发生摩擦和冲突。在这种背景下，宣传一个日本经营者的思想，将他作为中国人的楷模，难免遭受非议。另外，涉及思想哲学，即所谓意识形态，在中国十分敏感。有朋友曾善意地劝我要谨慎。然而，稻盛哲学不仅是引导企业成功的哲学，而且它代表了人类的良知和睿智。它与出自哪个国家无关。我坚信，一切有良知的人，在了解稻盛哲学后，一定会赞同。凭着直觉，凭着这单纯的信念，我不遗余力，努力再努力。2004年，中央党校曾邀请稻盛先生讲演。从2008年年初至2013年10月，仅中央电视台就专题采访稻盛7次。可见我的直觉和信念没错。当然，在具体传播过程中难免碰到阻力、不顺利，会发生各种问题，但不影响大局和总的趋势。

4 迷恋工作

稻盛先生说：

最好现在就辞职不干。或许你正在这么想。说实话，我自己就这么想过。每当工作筋疲力尽时，我就想起了学生时代，为了应付考试，不得不连续数天，用功到深夜，感觉难受时，真想逃离那苦海，就是现在，我也时而陷入同样的心境。

但是，真辞职了，生活就变得五彩斑斓了吗？那也不见得。要是我辞职的话，不出三天，便急于回去工作，否则更受不了。

常有人说，我对自己太苛刻，生活过得太辛苦。但不管多么艰难，我却觉得自己的人生很有意义。尽管沉重的工作负荷，常常使我心力交瘁，但是我仍然从心底里热爱我的工作。

有的人从事着难以想象的、艰苦卓绝的工作，但是，如果他们能从内心感到工作的快乐，就会不觉其苦。

只有喜欢自己的工作，并在工作中不断寻得乐趣的人，才能获得事业的成功。

要想成功，要想取得卓越的成就，先得热爱乃至迷恋自己的工作。

我们常有这样的经验：不断加班、忙得不可开交时，真想休息和调整。但放假连休几天，在家里就憋得慌，不知所措。有的人退休以后，离开了工作，又找不到其他事情来打发光阴，精神上会非常失落，并因此大大影响健康。

工作一方面是生活以及精神的需要，它有快乐的一面，但它又有辛苦的一面。在辛苦的工作中体会出欢喜和快乐，寻找出工作的意义，才会觉得苦也值，才会热爱以至迷恋工作，才能做出显著的成绩，这也是所有成功者的共性。

不断跳槽，不断寻找自己喜欢的工作，还是努力去喜欢上现在正从事的工作？前者往往喜新厌旧，做什么都不投入，看似喜欢的工作，一遇挫折又不喜欢了。稻盛是后一种人，他原来也不喜欢研究陶瓷，后来强迫自己喜欢，强迫自己投入，结果成果斐然。此后他对陶瓷研究喜欢得不得了，他成功之大也不得了。成功人士都有相同的心迹。

5　精于一业

稻盛先生说：

把精力倾注在一个领域，钻深钻透，就能明白人生的真理，理解大千世界，森罗万象。

比如一个优秀的工匠，经多年潜心研究，掌握了卓越的技术，这样的工匠就是谈论人生，也会有精辟的见解。一个僧人经反复修道，磨炼出高尚的人格，这样的僧人即使涉及与修身养性的教义无关的领域，也能说出深刻的道理。其他例如绘画、著书等，任何精通一艺者，都会有同样的涵养，达到相同的境界。

可惜刚从学校毕业的年轻人不懂得这个道理。他们轻视自己从事的具体工作，缺乏耐心，怀疑手头的工作是否真有意义，他们常要求上司分配更重要的工作。其实，这样的人无论让他干什么，都不会满意，总是不肯尽心。

知识广而浅，似乎什么都懂，但什么都只懂一点皮毛，等于一无所知，一无所长。相反，精通一技、一艺、一业，就能融会贯通，举一反三，乃至领会宇宙的真理。

精于一业就可理解一切，究明一个事物，就可理解一切事物，在一切事物的深处，都隐藏着普遍的真理。

稻盛先生在新颖陶瓷领域精耕细作 15 年，使这种新材料得到广泛的应用，被誉为创造了又一个“新石器时代”。但京瓷公司毕竟只是一个陶瓷元件厂，新颖工业陶瓷这个行业毕竟只是一个较小的行业。然而，稻盛先生倾注心血，在这一领域钻研很深，而“在一切事物的深处，都隐藏着普遍的真理”。京瓷哲学就是这种真理的结晶，是稻盛先生在这一段实践过程中悟得的经营和人生的真谛。而仅凭这个哲学，稻盛先生勇敢地闯入了对自己而言完全陌生的、全新的领域——通信事业，创建了日本第二电信电话公司，并且很快取得了令人难以置信的、卓越的成功。

2010年2月1日，航空事业的门外汉、78岁高龄的稻盛先生，受日本政府的邀请，在万众瞩目之下，出任破产重建的日本航空公司董事长，仅仅一年，不仅让日航起死回生，而且创造了日航60年历史中的最高利润。世人一片惊叹。

第二电电和日航的成功，证明精于一业果然可以举一反三。可见“隔行不隔理”，比“隔行如隔山”更加正确，而这个“理”就是哲理，就是哲学。

我们提倡解剖麻雀，麻雀虽小，五脏六腑俱全。个性中包含共性，特殊性中包含普遍性。不管什么行业、什么领域，达到一定深度，就会触类旁通，柳暗花明，殊途同归，进入哲学的境界。

6 自辟蹊径

稻盛先生说：

原以为倒霉，结果却是幸运，人生常有这样的事。

我初次就职，是京都的一家小企业，当时经营状况很糟糕，工资迟发，奖金没有，看不到前途，看不到希望。我曾认真考虑过辞职，但哥哥批评和阻止了我。一是新工作不好找，二是家里经济困难，需要我的薪水补贴家用。

这种情形下，除了继续留在公司外，我别无选择，唯一可以选择的是改变我自己，就是改变自己对于工作的态度，从工作中寻得乐趣，从困境中摆脱出来。

我静下心来，埋首于研究开发不久，竟有了可喜的成果。因为蹩脚的小公司缺乏优秀的人才，我就显得相当突出。上司表彰我，我工作就更来劲，上司就更称赞我，这种良性循环使我的人生出现了转机。

假如一开始我就很幸运，既有满意的工作，又有舒服的环境，那么，恐怕就没有今日的我，没有我今日这样的成就了。

对自己的处境不满，一味地怨天尤人，就会不知不觉将心灵封闭，看不到以至放弃了人生中潜藏的良机。

稻盛先生的经验说明，我们往往无法选择自己周围的环境或者说处境，但是我们却完全可以选择对环境采取的态度，而这种态度的选择，有决定性的意义，它可以改变我们的处境，甚至改变命运，并由此进一步明确地建立自己正确的人生观。

与稻盛先生同时进公司的4位大学生先后辞职了，稻盛先生也考虑过辞职。其实事情的本质并不在于留或辞，即使留下，如果仍然牢骚满腹，不从根本上改变自己，改变自己对工作的态度，人生不可能时来运转。辞职后处境会怎样，关键也在自己。如果说，当年稻盛先生留在松风工业公司、专注于新产品的开发是对的，那么4年后他选择离开松风工业公司、创建京瓷公司无疑也是对的。当初的留和日后的辞都是正确的，因为这种留和辞的背后都包含着积极奋进的精神。

7 健全的精神寓于健全的肉体

稻盛先生说：

“健全的精神寓于健全的肉体。”（A sound mind in a sound body）这句古老的格言，可以追溯到罗马时代，至今它仍有深刻的意义。

如果有志于当领导，就必须注意保持自己身体健康。因为一个团体的负责人，不应当让自己的健康状况影响到对事物的判断。健康欠佳时，会无意识中回避需要体力和耐力的决策，而流于轻率判断，给许多人带来麻烦和不幸。

老实说，当健康状况影响判断能力时，领导人就应该主动辞职，可以转而当参谋，用自己多年的知识和经验，为团体再做贡献。

领导人必须做出努力，始终保持一个与健全的精神相对应的健全的身体。因为领导人必须有能力做出公平无私的、对全局有利的正确判断。

一般讲精神的健康影响肉体的健康，但是稻盛先生在这里强调相反的情况，即身体健康影响精神意识，影响判断能力，而作为集团领导人，还可能影响整个集团的命运。所以领导人保持健康不只是个人的事，而是一种对集团的责任，所谓“君子善养千金之体”意义就在这里。当健康衰退时就应自觉退居二线，这是天经地义。

身体垮了，即使天才也无从发挥，因此，健康是人能力的一个重要方面。而维持或者改善健康状况需要做出持续的努力。养成良好的生活习惯同人的观念和意志、毅力都有关联。

人的生命由肉体和精神即身、心两个部分组成。肉体遵循肉体的生命规律、精神遵循精神的生命规律，而两者又密不可分，身、心必须统一，不可只注重一方而忽视另一方。

做个比喻：奏出美妙的音乐要两个条件：一是高档的乐器，二是技能高超的乐手。乐器再好乐手没水平，或者乐手虽好乐器太粗糙，都达不到理想的效果。

8　人生须时时反省

稻盛先生说：

人生要反省，就是说我们每天所做的各种判断，是否符合做人的正确准则，要不断认真反省，借以戒勉自己，在尽可能冷静而谦虚的反省中度过人生。当意识到自私、任性或懦怯时，就应自我告诫，“不可只顾自己”，“鼓起勇气，坚持正义”。不断重复这样的反省，就会在犯错误之前自我惊醒，从而避免失策、失态。

比如，常有这样的人，他们年轻时磨砺心志，艰苦奋斗，事业有成。但不知何时起，陶醉于成功，变得骄横起来，令人叹息。人往往一不小心，就会溺于名声，不知不觉中就会变质。不管你自以为达到了多高的境界，如果你不能始终谦虚，不能时时反省，不能坚持学习，你就必然退步，降回故我。这虽然遗憾，很不幸却是我们人的本质。

天天忙忙碌碌，终日沉溺于事务，我们常常因此忘记了反省，这样的生活无从提高我们的人格。必须有严格的自我反省，才会促使我们变得高尚。人生中缺乏反省，成功即成失败之母。

我们最早从孔夫子那里学到了“吾日三省吾身”这句话。而稻盛先生天天要进行自我反省。他认为“反省”是提高方程式中“思想·人格”的必不可缺的重要一环。地位越高的人，越忙越要抽时间反省。反省用一点时间，叫“磨刀不误砍柴工”。

不肯反省的人，或难于成功，或成功即为没落的契机，很容易转胜为败。人得意就忘形，得志就专横，这种现象在历史和现实中司空见惯。不会反省，不从他人和自己的失败中吸取教训，历史反复重演，从这个意义上讲，作为“万物之灵”的人类，我们其实并不高明。

尽管我们经常走弯路，但在自我中心、急

功近利的世风中，我们很少听到真诚反省的声音。有的人“自小看看，到老一半”，甚至“江山易改，本性难移”，一辈子浑浑噩噩，无甚长进；另有的人却是“士别三日，刮目相看”，短时期内进步神速，判若两人。区别何在？无非因为后者在工作和学习过程中能够认真地、深刻地反省自我，对的发扬，错的改进。而前者喜欢文过饰非，本能地保护自己，习惯性地把责任推向别人或归于环境，自己总是“千有理、百不错”，从不触及自己的灵魂，不愿反省和检点自己，更谈不上天天反省、谦虚认真地反省了。

鲁迅先生说过，他解剖自己往往比解剖别人更不留情面。伟大人物之所以伟大，不是因为他不犯错误，而是因为他懂得及时、主动并深入地反省自己，从而减少犯错误，或较快地纠正错误。

稻盛先生在“努力”这一节中谈到人生须时时反省，就是说反省必须通过有意识的努力。

反省是一种内心活动，反省通向悟境。“悟者，吾心也”，心无灵犀点不通，反省须自觉，他人无从替代。

9 读书开阔视野

稻盛先生说：

阅读不仅是一种乐趣，更是一种自我提升。养成读好书的习惯，从中吸收营养，充实自己。

即便深夜下班回家，我仍不忘读书，读总是放在床头的中国古典以及有关哲学的书籍。在浴池里也读书。周末有闲暇时，整日读书是我的嗜好。

你或许认为繁忙就无暇读书，但我想，不管在哪里，都可以在有限的时间里哪怕抽出几分钟，翻开一本好书，读一节好文章，而有所感悟。

当然人生中最重要的是，通过实践经验来

学习，但读书会使我们的经验变得更富有意义。同时，书本还会教给我们无法亲身经历的事情，让我们可以在头脑里进行模拟演练。

自身的直接经验，加上读书得来的间接经验，构成了人生成功的精神基础。

开卷有益。读好书，等于吸收整理好的、高质量的信息，同我们头脑里原有的信息碰撞，可以触动联想、激发智慧的火花。间接经验往往会启示、确认或帮助提升我们的直接经验，对正确观念的形成、成熟和巩固，作用莫大。人生几十年，读书还是不读书，边思考边读好书，还是不思考只读闲书，人生的境界将有天壤之别。

稻盛先生就因为年轻时读了安冈正笃《命运和立命》这本书，才知道了《了凡四训》，才明白了人生由命运和因果法则组成，才完整而清晰地树立了自己的人生观。可见读书有多么重要。

一本好书是作者的经验、智慧和心血的结晶。认真阅读，用心去感受它，就会像陶渊明先生一样，“每有会意，便欣然忘食”。读稻盛先生的书，常让我有这样的感觉。

我有许多弱点和毛病，但因为喜欢读书，并在“会意”时有所思索，才对自身的不足有点弥补。我常为没有时间读更多的好书而感到遗憾，但读书已成我的习惯，书将陪伴我到终生。

10 将能量灌注给部下

稻盛先生说：

领导者单枪匹马做不成事，必须有部下协助。但即使领导者一腔热情，而下属缺乏同样的热情，事情仍然不能成功。天赐良机，而且万事俱备，项目有了完善的资源，但如果无法鼓起团队的士气，仍将一事无成。

相反，物质资源虽不充分，领导者满怀热情，向部下诉说事业的意义和目标，使他们理解并接受，上下同心，事情就可能成功。将自身的能量注入部下，使团队的能量水准达到甚至超过自己。

如果部属只是同意配合你完成的项目，那么该项目成功的概率大约是30%；如果部属对你保证说“我们一定尽力干”，那么该项目成功的概率大约是50%；如果将你的能量注入部下，他们把该项目当成自己的事业，那么该项目成功的概率就可达90%。

要了解部下对项目持多大的热情，并将你的能量注入部下，直到他们激情燃烧，这是领导人的首要任务。

我在企业里提倡“能力、努力、协力”三力主义。要办成事业，需要全体参与者同心协力，需要所有人能量的结集。这能量从何而来，首先是领导者的理念必须正确，具备大义名分。

然后，领导者必须千方百计让自己的理念与部下共有，将自己的能量注入部下，点燃激情。领导者个人的努力变为全员共同的努力，“成功的概率就可达 90%”。

物质分“可燃性”“不燃性”“自燃性”三类，人也与此雷同。一般而言，“自燃性”和“不燃性”两类人是少数，多数人具有“可燃性”。领导者必须具备“自燃性”，然后点燃具有“可燃性”的部下。像“新干线”一样，不仅是车头，而且每节车厢都有动力，合力使列车高速飞驰。

11 天天努力

稻盛先生说：

我不做长期的商业计划。今天的工作能否顺利进展，明天将会发生什么，我们尚且无法确知，我们又怎么能预见 10 年以后的景况呢。

我对自己说，要认真过好每一天。今天努力了，就能看清楚明天。天天努力，积累起来，5 年、10 年，成果就相当可观。

与其去担忧无法预知的将来，不如踏踏实实过好今天这一天。我认为这个信念很重要。今天全力以赴了，作为结果，可以相当正确地看到明天。天天努力，就可能对将来如何变化，进行有意义的推测。

天天努力不懈，就可以开辟未来。要正确地预知将来，只有靠今天的努力，因为将来位于今天的延长线上。

这里强调努力过好今天这一天。人生由每一个今天组成。记得小时候读《明日歌》，有“明日复明日，明日何其多，我生待明日，万事成蹉跎”这样的警句。这与稻盛先生的心得有异曲同工之妙。

我们常说：“人无远虑，必有近忧。”但远虑依据什么呢？无非要靠日常努力积累的经验。

认真过好每一天，天天勤奋，做好工作，精通业务，理解生活，就可以体会人生的真理，开拓美好的将来。否则近忧、远忧，剪不断，理还乱。“杞人忧天”者心理脆弱，未必有什么远见。每一天都踏实工作，虚心学习，认真思索，才可能产生远见卓识。只有把握现在，才可能对将来进行较为正确的预测。

12 关于“努力”的问答

有人问：听说，您经手的所有的事业项目，从没有失败。请问您有什么秘诀?

稻盛答：非常单纯。项目成功之前，我决不放弃，失败首先是一种心态。当然，在每一个项目开始之前，我必定认真审视它的价值，只有在内心感到确有把握时，才着手参与。而一旦投入，不管遭遇什么障碍，决不轻言放弃。一条路走不通，就找别的路，直到走向成功。

有人说，每个儿童出生时就具备的“潜在能力”，比达·芬奇使用过的能力还要大得多。如果这是真理，那么一个团队、一个企业的“潜在能力”，就更加巨大。稻盛先生创业时 28 人的团队，大都是初中毕业生，后来创建成两个世界 500 强企业，就是一个好例子。

但是个人也好，团队也好，“潜在能力”要变为现实能力，要产生结果，就必须通过“努力”。持续不断地、孜孜不倦地“努力”，就能发挥和提高自己的“能力”。从这个意义上讲，“能力”的相当部分是“努力”的产物。

付出努力，得到成果；付出“不亚于任何人的努力”，得到惊人的、不同凡响的成果，这就是稻盛先生和所有成功者的共同经验。“天道酬勤”，这也是宇宙中本来就包含的真理。

思想·人格

1 决不丧失希望

稻盛先生说：

我相信：我们心中所想的事物，会由现象呈现出来。

但是我刚踏入社会时，丝毫没有这种想法。当时我到处碰壁，做的每件事都不顺利。但即使在那种处境之下，我也没有失去希望，没有失去开朗的心境，就靠这一点，成就了今日的我。

当时我住二楼一间地板翘裂的破旧宿舍，

面积不足10平方米，榻榻米也破旧不堪，连席草都露了出来。我搬来煤炉和锅，自己做饭。

公司的研究工作不顺利，人际关系不和谐。宿舍背后有一条小河，河边有一排樱花树，黄昏时分，我常常独坐河畔，吟唱童谣《故乡》。我的心伤痕累累，隐隐作痛，我不知道怎样缓解这种痛苦，借着放声高歌，打起精神，直唱得有足够勇气投入明天的工作，我才回到宿舍。

我们决不可能完全摆脱痛苦和烦恼，但是，即使处于最低潮，我们仍然可以努力，不失去对明日的希望。

稻盛先生告诉我们，即使在人生最低潮、最痛苦的时候，也不要放弃希望。心里想着希望，朝着希望的方向不停地努力，积以时日，希望的事物就会出现，所谓“梦想成真”，就是这个意思，这并非不可能。相反，如果因为事事不顺利，事事不如意，或者因为受到某种意外的打击，就一蹶不振，丧失了希望，不再为实现理想而奋斗，那么你的人生真的会暗淡无光。

“哀莫大于心死”，只要心不死，就是不失希望，坚持努力，逆境和苦难总会过去，机会和幸运一定会光临。人生需要这样的信念，其实只要你这么想了，你的心境就会自然地转阴为晴，甚至立竿见影。

“积极心态”“正向思考”是所有成功者共有的特征，这与自欺欺人的阿Q精神完全不同。比如理解失败是成功之母，懂得坏事可以变为好事，承认挫折是心灵成长的机会，那么，你不但能够有效地克服沮丧、烦闷等消极情绪，满怀信心，在正确的方向上坚持不懈的努力，而且在这过程中一定会萌生解决问题的智慧和灵感，成功乃是必然的结果。

不要只看稻盛先生现在如何成功，如何伟大，他年轻时同我们有一样的苦恼、一样的失意、一样的徘徊。问题是不要陷进去，要解脱出来并朝着希望奋进不息。

2 追求人间正道

稻盛先生说：

我年轻时就学会了自问："作为人，何谓正确？"面对社会的丑恶现象，我会自言自语："不能这样，这不是人应该做的，理想的人不该如此。"我领悟到，一颗追求正确的心，也就是追求理想的心。

升学考试落榜，就职考试失败，我曾十分沮丧，但并不服输。我想一定要更努力，要考一所好学校，进一家好公司。在奉命开发新型陶瓷、从事单调的研究工作时，我鼓励自己尽最大努力，使陶瓷成为最优质的材料。

即使处于近乎绝望的环境，我仍然不失希望，为了实现自己的理想，拼命地、不知疲倦地工作。

在漫长的人生旅途中，会经历多种失败、困难和挫折，但是这一切，同时也是难得的磨炼心志的机会，促使你发愤图强，通过诚实的努力，去实现自己的梦想。上苍决不会无视真诚的努力和追求正确的决心。

不仅是怀抱希望，而且不论在什么环境中，都要永远追求正确，也就是追求理想，这样才不会迷失人生的方向。上苍会帮助始终不渝的人。

稻盛先生说："我年轻时就学会了自问：'作为人，何谓正确？'""学会了自问：'作为人，何谓正确？'"这句话太重要了。稻盛先生年轻时已经学会了，所以有后来辉煌的成功。我们现在学会了没有呢？我们往往在这个人生最重要的问题上丧失思考。

每个人在人生的各个时期都会遭遇困难或问题，其内容自然因人、因时而异，但"会遭遇"则是共性，可以说这是人的宿命。把困难或问题看作机会还是看作倒霉，这才是关键，也就是说，对待问题的态度往往比问题本身更重要。

我在工作实践中，在学习稻盛哲学过程中，总结出如下“问题观”：问题即机会。问题发生，正是提高解决问题能力的机会，积累解决问题经验的机会，解决与该问题相关的其他问题的机会，防止类似问题或更大问题再发生的机会，加深与当事者信任关系的机会、积聚勇气、磨炼意志的机会。遇到问题和解决问题，是人生意义的精彩所在。

如果把一切问题、挫折、失败都看成上帝赋予的成长的机会，那么你的心境就会豁然开朗。你这么想、这么做了，就是一种开悟。

3　避开“捷径”

稻盛先生说：

大学毕业后不久，我去京都一家小型陶瓷公司工作。我与公司经营层发生争执，又受到工会的攻击，曾陷入孤立无援的境地。当时，我想象带领一个团队攀登险峻的高山，半途中，或许有人扭伤了脚，有人产生了畏怯情绪，有人失足跌入悬崖下。上司常常劝我选择妥协。换句话说，就是规劝我选择较为平坦的登山道路，慢慢登上山顶。

对上司的忠告，我做了认真的思考。但最终我仍选择走崎岖的路，作垂直攀登。我知道我是一个脆弱的人，如果选择好走的路，慢慢地爬，在到达山顶之前，恐怕我已经放弃了。队友们由衷信任我，如果我选择安易之道，他们会很轻松，但走这样的路，不能到达真正的幸福顶峰。

坚信自己选择的是正道，不管途中多么危险，不管天气多么恶劣，我下定决心，直线登上顶峰。为了全员一起攀上山顶，我对别人、对自己一样的严厉苛刻。

走安易之道，大抵都到不了目的地。

这里讲的是成功无捷径，想走捷径，就达不到成功。爬山是垂直攀登还是迂回前进，当然要看具体情况。稻盛先生这里所说“选择走崎岖的路，作垂直攀登”是指不回避矛盾，主动迎击困难。

稻盛在松风工业打工、当车间主任时，因对一名吊儿郎当的员工不满，建议他辞职，结果受到某些激进分子的围殴，眉心流血。但他正义凛然，毫无惧色。第二天，他扎上绑带照常上班，令打手们心虚胆怯。

在有些企业或组织里，人际关系复杂，有些干部往往怕得罪人，明知不对，也不敢批评和处理，使不良现象蔓延，这背后无非是私心作怪。他们根本没有直面艰难、“垂直攀登”的勇气。

稻盛先生正因为自己没有私心，工作时又身先士卒，所以他可以堂堂正正，理直气壮，无须回避矛盾，不必把事情人为地复杂化，对别人可以同对自己一样的严厉苛刻。正因为如此，他才能带领团队到达光辉的成功之顶。

4 信赖关系从自己内心构筑

稻盛先生说：

缺乏互相信赖的人际关系，就不会有成功。企业经营尤其如此。那么，怎样才能构筑互相信赖的人际关系呢？我首先想到的是，寻找值得信赖的合作伙伴，就是说从自身之外去寻求信赖关系。

然而我错了。我意识到，如果自己不能成为一个值得别人信赖的人，与别人之间的信赖关系就无法建立。如果别人觉得你的内心不可靠，即使原来的朋友也会离你而去。与别人的信赖关系，不过是自己内心的一种外在反映。

我曾多次遭人背叛，即便如此，我仍然认为应该诚心诚意地信赖别人，并且不断自问自答：我自己的心是否值得别人信赖？如果不是，我得马上改正自己的态度和行为。即使自己蒙受损失，也要相信别人，只有这样，才能产生互相信赖的人际关系。

信赖，应从自己内心而不是从外面求得。

你内心想什么，你有什么样的人生哲学，你为人是否可靠，这些都通过你的各种言行，不断向周围发出信号，人们都在接受这信号。你可信，别人就愿意与你交往，甚至追随你。你值得别人信赖，而你又赤诚信赖别人，别人甚至会因此进步。信赖是一个互动的过程，“诚意无敌”，你真挚待人，诚实处事，即使原来信赖度较差的人，也会因感动而诚心相报。

信赖有一个特点，就是相互性。不信赖别人，就把自己放在不被别人信赖的地位。许多情况下，信任别人就等于解放自己。中国明代《菜根谭》中的金玉良言：“信人者，人未必尽诚，己则独诚矣；疑人者，人未必皆诈，己则先诈矣。”意思是说，你信任别人，别人未必百分之百“诚”，而你则已经“诚”了；相反，总是猜忌他人，他人未必都“诈”，而你自己已经先“诈”了。虽说“防人之心不可无”，但这段话更深刻，更实用。“宁人负我，我不负人”，我们应有这种气度。

5 如实观察

稻盛先生说：

心纯见真，清澈纯粹的心灵可以看见真相。充满利己的心目中，只看到复杂的事象。比如一事当前，先问自己可获得多少好处，这种自私的欲望，会使最单纯的问题变得复杂起来。我们总想让别人看好自己，这也是一种利己的动机，它往往模糊问题的焦点，延迟问题的解决。

我们应该努力保持一颗纯洁的心，才能按照事物本来的面目来观察和认识事物。被利己欲望弄得混浊的心目里，再简单的问题看起来也非常得复杂。

即使对自己不利，仍然应如实观察和反映真实情况。如果自己有错，就要如实承认。常有这样的事：当开始用纯粹的目光审视事物时，突然会出现非常简单的方法，使问题马上得以解决。但是如果不摆脱私欲的束缚，一味追求自身的快乐或虚荣，你的双眼就被蒙蔽，事物的真相在你面前是模糊一片。

但是，仅仅看清真理还不够，为了坚持真理，勇气必不可少。

如实观察事实，即使自我牺牲也要贯彻真理，有这种觉悟，就没有解决不了的问题。

事实只有一个，但因观察者的视角不同，观察结果往往不同，甚至大相径庭。苏东坡有诗云："横看成岭侧成峰，远近高低各不同。不识庐山真面目，只缘身在此山中。"就是说，我们要正确、全面地认识某一事物，就要从前后、左右、远近、内外各个方面认真调查研究。这才是所谓实事求是的态度，才有可能了解事物的全貌和真相。

然而，稻盛先生在这里提出了一个更重要的问题，能不能看清事物真相，把握事物的本质，除了“实事求是”之外，还有“心纯见真”这一条。

因为认识事物的主体是人，是人的心。一个利己心强烈的人，他的心灵是扭曲的，因此，事实真相在他心里也是扭曲的。就是说，他看不到真相。

孟子曰：“明察秋毫之末，而不见舆薪。”为什么见小不见大？因为夹杂私心，怕事实真相对自己不利，就不想看到、听到对自己不利的事实真相，有意无意回避，而不愿正视现实，常常采取“鸵鸟主义”态度，甚至有意掩盖、歪曲和捏造事实。

如果一个组织的领导人心灵不纯，按他心中扭曲的“真相”做出重大决断，就会给这个组织带来深重的灾难。这样的历史教训不胜枚举。

因此只有超脱私利、守正于心，才能始终实事求是，才能如实把握真相，才能正确决断，归根结底，利人也利己。看不到这个简单真理，我们仍是愚不可及，始终陷于矛盾和纷争。

6 细节也须注意

稻盛先生说：

人真正的能力，在于能否对事情做出正确的判断。

要做正确判断，首先要明白自己面临的情势。为此需要触及事物本质的、敏锐的观察力，甚至不忽略细节。这种敏锐的观察力源于神经的集中，而这集中力不是一朝一夕所能养成的。

神经的集中是一种习惯。如果养成习惯，平时连有关细节也予以注意，那么在任何需要的时刻，立即能将精神高度集中。缺乏习惯，要做到集中注意力于一点，就极为困难。

你或许太忙，无暇养成这种习惯，无暇注意细节，但繁忙却正是养成这习惯的最佳时刻。即使你不关心的事物，你也不妨有意地、努力地予以注意，这就叫“有意图的注意”，或叫“有意注意”。

养成“有意注意”的习惯，就使你具备一种能力，一旦需要，就很快做出正确判断。具有敏锐的洞察力、深刻的注意力，因而随时能下正确决断的人，才称得上真正有能耐的人物。

要做正确判断，一是持正确的判断基准；二是对状况有深刻了解。我们强调“调查研究”，这当然很重要。但同样的“调查研究”，结论往往有差异，甚至截然相反。这里需要稻盛先生讲的“敏锐的观察力”。

而这种观察力又有赖于“有意注意”习惯的养成。知道了这一点，我们就要在平时下功夫培养这种习惯。

狮子捕兔，却以面对强敌时同样的气势，迅猛出击，全力以赴，显示百兽之王的雄风。人做事也应如此，即使是小事，即使是细节，即使是价值不大或你不太感兴趣的事，即使是你已经熟练的事，即使是你在匆忙中做的事，无论做什么事，既然要做，就要全神贯注，决不分心。比如读书时专心读书，谈话时专心谈话，做事时专心做事，强制自己意识集中，决不心猿意马，切忌魂不附体。

意识不仅要集中，更要清醒，决不含糊。这好比照相机，如果镜头不干净，或者蒙上了水汽，那么无论照什么，都是模糊一片。如果你缺乏解决问题的明确目的和强烈愿望，被表面现象所迷惑，思维不清、意识不清、心神不定，那么要处理的事情在你面前也是一片模糊，你就抓不住要点，做不好事情。

在生活、工作中训练，“有意注意”就会习惯化。这样做的结果，会使你的能力有惊人的提高，使你能迅速而正确地对事物做出判断，采取相应的措施，及时处理和解决问题。

稻盛先生气势如虹同时心细如发。宏观方面，他能做出参与通信事业这样超人的战略决策。微观方面，连每位员工每小时创造的附加值也能算得一清二楚。他说话、办事细微精到，这与他喜欢深思熟虑、养成了“有意注意”的习惯有关。

7　调动潜意识

稻盛先生说：

人的潜意识中有一种力量，能对复杂事情做出正确迅速的判断。

记得初学开车时，既要集中注意力操作方向盘，又要注意路况，注意对面的来车等。一面驾车，一面留心各种情况，不免又紧张又疲劳。但等你积累了足够的经验后，潜意识就跑出来替代了显意识。潜意识能够即时对状况做出判断，从过去的经验中调出类似的应对模式，手脚动作应对自如，就是说潜意识帮你开车了。

日本象棋名将升田幸三说过："对局高潮时，制胜的一着，忽然在心中闪过。我在头脑中考虑了几十种下法，慎重地探讨了各种可能性，但结果证明，还是最初直觉的那一着最为正确。"名将在运用显意识做各种分析、考量之前，潜意识早已给了他正确的答案。

印象强烈的事件以及再三重复的经验，会进入潜意识，储存起来。而这种潜意识会替代显意识，以惊人的速度做出正确的判断。

认真地重复演练，能培养潜意识快速做出正确抉择。

弗洛伊德认为，显意识的心理过程只是显露在表面的一些孤立片段，如同海面上的岛屿；潜意识的心理活动则如水下巨大的海床，在人的生活中起决定性作用。

潜意识能帮助人"以惊人的速度做出正确

的判断”。但一件事要进入你的潜意识，你首先得朝思暮想、苦思冥想、千思万想，强烈地想、深入地想。“想”是运用理性，即显意识，但当你“想”到这种程度时，事情就会从你的显意识进入潜意识。那么，在“马上、枕上、厕上”或其他某个地方或时候，潜意识就会发挥作用，给你“灵感”，让你一下抓住事物的本质，问题即刻迎刃而解。

还有一点，潜意识能量巨大，但潜意识里藏的未必全是正确观念。所谓“净化灵魂”，就是要排除潜意识内的错误和消极的观念。潜意识内的观念或叫“观念要素”，对人的思维和行为有重大影响。如果说我们对某个问题的观点是思维的“成品”，那么潜意识内的“观念要素”就是构成这“成品”的“材料”。所谓“观念更新”，形象地说，就是对“心灵的仓库”进行大扫除，让正确的做人原则进入潜意识。这样你就能对许多问题做出正确判断，你就力量无穷，所向无敌，你就能成功。

为了利用潜意识，首先要进入潜意识。这里再次强调两个要点：一是反复，反复练习，反复思考。这是次数或“量”的概念。二是力度，即每次反复时集中的程度，聚精会神的程度，这是练习及思考的“质”的概念。“量”和“质”高位平衡，就能调动、利用潜意识。而这些只有在工作和生活的实践过程中才能做到。

8 通逻辑、合伦理

稻盛先生说：

英文中说“符合道理”（It makes sense），日文就叫“筋が通っている”。“筋”的意思就是“线”，就是基准，是人在判断事物时，使用的一系列论据或者哲学，甚至可以说是人的精神指标。

我们每个人心中，都有各自判断事物的基准。判断基准应该能够答复“作为人，何谓正确？”这一命题，就是说要符合道德、伦理，符合原理原则。

判断事情是否“符合道理”，不仅指逻辑上有无矛盾，而且要与做人的准则相对照，确认有无违背。不是随意在头脑里做轻率的判断，而是回到做人最基本的原则，经深思熟虑之后，再进行判断。

缺少“筋”，就是缺少哲学的人，难于达成有价值的事业，因为他的判断基准中缺乏正确的原理原则。而拥有哲学的人，可以做成许多事业，因为哲学就是引导人们走向正确和成功的指南针。

内心的哲学指导我们做出正确的决策。

我们常讥讽某人“脑子缺根筋”，又常说要“心中有杆秤”。按稻盛先生的说法，就是心中具有判断的基准，即哲学。不是心血来潮，不凭个人好恶随意判断。

许多聪明人或所谓精英，他们崇尚理性，

讲究逻辑。但他们的判断基准往往倾向于利害得失。他们不理解，甚至不屑去理解“作为人，何谓正确”这句话的含义，他们的判断基准中缺乏正确而明确的原理原则，因而在重要关头他们常常判断失误，难成大事。

从实践中找真理，是唯物主义，就是要讲科学，讲逻辑。但又要时时对照做人最基本的原则，这才是正确的唯物主义。有正确判断基准，即有哲学素养的人，他的信念明确而坚定，他的语言简单明了又切中要害，他的决断高瞻远瞩，势如破竹，与众不同。因而他能成大事。

9 根据原理原则

稻盛先生说：

无论何时都要根据原理原则做出判断，采取行动。

下判断时，不可照搬老套的智慧和通常的

习惯，因为新情况使这些智慧和习惯失灵，照搬就会让你被动。如能坚持依照原理原则做出判断，那么不管在何种情况下，都不会困惑，不会迷失方向。

所谓依照原理原则，就是以社会的道德、伦理做基准，把做人的正确的准则正确地贯彻始终。依据人间正道进行决断，可超越时空，任何情况下都能被人接受。一个持有正确判断基准的人，即便闯入未知的世界也不会迷惑，不致惊慌失措。

真正的革新者之所以能够开拓新世界，开创新天地，不是因为他们经验丰富，也不是因为他们常识丰富，而是因为他们理解人之所以崇高的本质所在，因为他们依据基本的原理原则做出判断。

基本的原理原则似乎抽象，却是超越时代、超越国界的普遍真理，是“放之四海而皆准”的普遍真理。

我们过去曾相信、现在却怀疑存在“放之四海而皆准”的普遍真理。因为过去强调的所谓“放之四海而皆准”的“普遍真理”，和创造这种“普遍真理”的人，在实践中遭遇到了重大失败。

但是，稻盛先生以他大企业家的成功经验，以他哲学家的深刻头脑，认真思考的结果告诉人们，这普遍真理确实存在，而且十分简单，无非就是我们平时所讲的做人原则，为人要诚实、正直、谦虚、勤奋、节制、有勇气、平等待人、实事求是、追求正义等。这是人内心的良知，也就是天理，宇宙的真理，或叫作“普遍真理”。

一个人有两种能力很重要。一是把自己的能力或叫“潜在能力”发挥出来的能力。二是发挥他人能力的能力，就是发挥团队合力，把事情办成的能力。

一个人如果太自以为是，或者太以自我为中心，那么，即使他有能力，也往往很难充分发挥，他的能力常常没有“用武之地”，因为别人不愿或者很难配合他。他的长处被他自己的短处压住了。稻盛先生看重“战胜自己的能力”“对事物做出正确判断的能力”，这实际上涉及了“思想·人格”。

至于充分发挥他人的能力、发挥团队的合力，更要以领导人的公正无私做先决条件。

另外“努力”或叫“热情”，特别是“不亚于任何人的努力”“持续不断的热情”，在很大程度上是高尚的人生哲学、使命感或正确的“思维方式”的产物。

成就事业需要才智，需要热情，需要精力集中。而人格不正、理念不对，或者说私欲太强的人，他的内心往往伴随一种内疚感甚至罪恶感。这种矛盾心理耗费他的能量、削弱他的才智、消蚀他的热情、分散他的精力、使他陷入痛苦，从而使事业失败。

从上述分析中可以看出，方程式中的第一要素“思想·人格”对“能力”和“努力”起统率作用。

思想·人格的五个侧面

1 愿望

怎样“心想”才能“事成”

（1）思念即因

我们常祈望自己或祝愿他人“梦想成真”“心想事成”，但是什么“梦想”才能“成真”？怎样“心想”才能“事成”？没有多少人认真思考过这个问题。

稻盛先生说，人们常埋怨“事不遂愿”，但是他们不知道，正是因为他们心里原来就有“事难遂愿”的想法，后来才有“事不遂愿”或者

“事与愿违”的结果。

“思念即因”。经营也好，人生也好，首先“心不想，事不成”。稻盛先生说：“心不唤物，物不至。”就是说你自己内心并不渴望的事情，不可能在你身边出现，不可能变为现实。

但是，“心想”了，就一定“事成”吗？那也不一定。这种“心想”，如果只是头脑里偶尔闪过的“念头”，或者只是口头上随便表达的“希望”，这种程度的“心想”，不可能“事成”。只有“强烈的愿望”——按稻盛先生的说法——“持续的、渗透到潜意识的强烈的愿望”，才能使你“梦想成真”，而且一定能使你的“梦想成真”。

“境由心造”。你抱怎样的“想法”，你就会成为怎样的人；你的“价值观”决定了你这个人的价值。这是稻盛先生的一个基本思想。

成功方程式的第一要素“思想·人格”，就是上述造境之“心”，就是上述的“想法”和“价值观”，在这里又用“强烈的愿望”这句话来表达，从这个意义上讲，它又是成功的第一“要因”，成功本身不过是结果而已。

人究竟在多大程度上可能实现自己的愿望？稻盛先生认为只要我们头脑里出现“想要这样做，想做成这样”的愿望时，从遗传基因层次上讲，这种愿望大体上都在可能实现的范围之内，就是说我们人具备把自己的想法变为现实的潜在能力。

稻盛先生创建“第二电电”时，世人都觉得不可思议，一个陶瓷元件厂居然挑战垄断日本通信市场百余年的NTT，像“唐·吉诃德，手持长矛冲向巨型风车”，简直太不自量力了。然而，稻盛先生就凭着“降低民众的长途通信费用”这一单纯却强烈而执着的愿望，创造了奇迹，把“不可能”变成了“可能”，把“不可思议”变成了社会现实。

（2）一天24小时思考

稻盛先生说，这样的愿望是一切事业的“起点”，没有这个“起点”，一切无从谈起，没有这种愿望，“可能”也会变成“不可能”。所谓“强烈的愿望”，就是无论如何也要实现的愿望，就是一天 24 小时思考，吃饭也想，走路也想，睡觉、做梦也想，甚至洗澡、上厕所也想，反复深入、细致周密地想，念念不忘地想。用稻盛先生的话来讲就是：“从头顶到脚底，全身充满了这种愿望，如果从身上某处切开，流出来的不是血，而是这种‘愿望’流将出来。”

这样的“愿望”或者说“思考”，就是一次又一次在头脑中进行的“模拟演练”。事情还没有在事实上发生，却已事先在头脑中“进行”了许多遍，以至在心里已经“看见”了事情的过程和结果。开始时只是理想和愿望，在头脑里反复演练的结果，理想和现实之间的界限渐次消失，产生“没做的事也好像已经做过似的”感觉，自信从中而来，到达在“思考中看见结果”这样一种心理状态。从这个意义上讲，即将出现的事物或现象，不过是思想在现实中的投影。在前人未涉足过的领域进行创造性的工作，这一点尤其重要。

有人批评说这是不科学的、片面的“精神论”。稻盛先生却说，这是自己从切身经验中体会出的重要的真理。

（3）在思考中“看见”

当“DDI”刚参与无线通信事业时，稻盛先生就已经预测到手机时代即将到来。“无论是谁，无论何时、何地，用手机与对方通话的时代，不久就会到来，到时从小孩到老人，每一个人从出生开始就会分配到一个电话号码。”但当时周围的人都不理解、不相信，甚至“失笑”。

从京瓷经营的半导体产品中，稻盛先生看到了半导体技术革新的速度，它的尺寸和成本的变迁，从这些经验中推算出手机——一种隐藏着无限可能性的产品——的发展速度，将来的市场普及程度，它的尺寸、价格，使用时的月固定费、通话费，以至通信公司自身的价格设定等。

就是说在手机时代尚未到来之前，稻盛先

生已经清楚地“看见”了手机时代的几乎所有要件。当时的事业本部长曾将稻盛先生预测的有关价格数据记录在案，到事业正式开始后，与实际价格对照，几乎没有差异。本来产品以及服务的价格，要在考虑市场供需平衡、投资额回收等基础之上，通过复杂细致的成本测算之后才能确定。但在这一切实施之前很久，在稻盛先生的头脑里却已经有了一个清晰的概念，以至那位本部长后来惊奇万分：“这太神了，简直是神灵附身！”

怎样“心想”才能“事成”呢？像稻盛先生这样“心想”，就一定“事成”。

（4）思考有层次

稻盛先生说，“心想”这个词有点抽象，比如一个企业经营者，他要赚钱，这是“本能心”层次上的“心想”；他不愿败给竞争对手，这是“感情心”层次上的“心想”；他在估量市场等要素后制订计划，这是“知性心”层次上的“心想”。多数经营者的“心想”就停留在这三种层次上。但这并不能保证经营一定成功，只有在“魂”——就是“良心和理性心”层次上的“心想”，也就是“渗透到潜意识的强烈的愿望”，才能保证事业一定成功。这种层次上的“心想”或者“愿望”与前三种层次相比，有着质的不同，它具有巨大的力量，而且这种力量总能用在“刀刃”上，特别奏效，因为这种“心想”或者说“思考”摆脱了私心的束缚，触及了事情的本质，从根本上抓住了经营的规律。这种“思考”纯、准、强，是一种正确而坚定的信念。赤手空拳的稻盛先生在短短40年中，创建了“京瓷”和“KDDI”两家世界500强企业，就是因为他具有“良心和理性心”这种高层次上的、“渗透到潜意识的强烈的愿望”。正是这种愿望，才使他“心想事成”“梦想成真”。

乐观构思，悲观计划，乐观实施

稻盛先生说，向新的、史无前例的事物挑战时，不可避免地会遭到周围许多人的反对或者抵制。但自己内心确信一定能够成功，有强烈的成功愿望，把实行的情景在头脑里进行具体的描绘，进行大胆的构思。稻盛先生说，构思不妨大胆，构思时应该乐观，这样才能让想象的翅膀自由地展开，新点子、好主意才会涌现出来，并能吸引周围的“乐观派”积极参与。这时候，如果征求“一流大学”毕业的高才生的意见，他们往往反应冷淡，并且强调这新点子、新构想是“多么缺乏根据，多么脱离实际，多么一厢情愿”。稻盛先生说，他们的意见自有一面之理，分析也尖锐透彻，但列举的全是“不行”的消极理由。再好的“想象之花”，经冷水一浇，也难免凋谢。本来可做成的事，也会因此无法开始。有过几次这样的教训以后，他就更换了商量的对象。在开始一件新的、有难度的工作时，与其找头脑聪明、却将聪明用于悲观分析的人商讨，不如先找那些思考不够周密，但性格率真、对新事物有好奇心的人。就是找“乐观派”商议，在构思阶段，这是必要的。

但是，将构思落实到具体计划的阶段，就该“悲观派”登场了。这时候需要慎重、细致、周密，需要设想各种可能出现的困难和风险，需要制订相应的对策和严密的计划，大胆和乐观只在构思阶段有效。稻盛先生讲的意思跟我们常说的“战略上藐视，战术上重视”是一回事。

一旦计划付诸实施，又要强调乐观主义，以乐观的态度、切实的行动去执行计划、完成任务。

稻盛先生说，他“乐观构思，悲观计划，乐观实施”的事业成功三段论，在一位著名的冒险家那里获得了共鸣。大场满郎先生是全世界第一位徒步穿越北极和南极的探险家，因为京瓷曾向他的探险活动提供过有关产品，为了答谢，大场先生拜访了稻盛先生。

一见面，稻盛先生就称赞他亡命冒险的勇气。大场先生露出困惑的神情，并立即否定：“不，我并没有勇气，正相反，我是一个胆小怕死的人。因为胆怯，我不能不进行细心周到的准备，恐怕这才是我成功的原因。探险家一味大胆，将是他直接的死因。”听到这话，稻盛先生深感钦佩：“能成事业者毕竟与众不同，他们手中握有确凿的真理。缺乏小心、细致、谨慎做基础的所谓勇气，不过是‘蛮勇’而已。这就是一代冒险家大场先生想说出的真理。”

智慧之库

（1）“幸运”竟然接二连三

京瓷公司在新型陶瓷材料领域不断创造，始终走在世界最前端，这些材料广泛应用于电脑、手机等高科技产品。稻盛先生大学专业是石油化学，属于有机化学，而陶瓷属无机化学，他是外行，专业不对口。大学毕业后，因为相关石油企业不肯录用他，不得已才进了一家亏本的绝缘陶瓷材料厂。厂子很穷，当然没有先进的设备及实验装置，他又缺乏有关陶瓷的基础知识，也不懂技术，还没有经验。被分配到开发部门后，他天天深入现场，全神贯注，反复实验，仔细观察研究。功夫不负有心人，没多久他就合成了一种全新的材料。这种材料同美国最负盛名的GE公司研究所一年前在全世界首先合成成功的材料，结构完全相同，但合成方法却完全不同，也就是说稻盛先生的方法也是世界首创，而且竟可以同GE匹敌。

既无精密设备，又无理论指导，京都一家破旧的瓷瓶工厂，一个无名小卒，赤手空拳，居然搞出了同世界超一流公司GE相媲美的科研成果。有人说这好比中彩，是偶尔的幸运。而令人不可思议的是，这样的幸运后来竟是接二连三，在京瓷公司成立后更是持续不断，促使稻盛先生的事业飞速发展。

（2）绊跤得灵感

稻盛先生在开发陶瓷U型绝缘材料时碰到了困难，这种材料用在松下电视机显像管中的电子枪上，以前都要从荷兰飞利浦公司进口，如果日本能够国产化，对生产企业无疑是一个绝好的商业机会。当时主要难点在于材料的纯度和成型。传统的陶瓷器具使用黏土，黏结性及成型没有问题，但因为混有杂质，烧结后达不到所需的纯粹的物理性能。用某矿物粉末纯度可达标，但它松脆，没有黏性，无法成型，因而无法烧结成产品。这一难题一直困扰着稻盛先生，使他大伤脑筋。有一天，他一边思考一边走进实验室，不小心被一容器绊着，差一点跌倒，正当他无意识中叫道“谁把这东西放在过道里”时，发现鞋子上沾上了黏糊糊的褐色的松香树脂。是其他技术员做别的实验时用的一种树脂。

“就是它！”一个念头在他脑中闪过。将这树脂调入粉末，一定能成型。他立即动手，在锅里放进矿物粉末，加进树脂，像炒饭一样拌匀，然后放进模具成型。成型成功了，而且非常理想。成型后的半成品在烧结时，树脂被烧尽挥发，成品中不留任何杂质。这个问题以这样的方式完满解决，稻盛先生称之为“神的启示”。

哲学和技术（哲学是“因”，技术是“果”）

下面这个例子，可以看出稻盛先生在攻克技术难关时，他的哲学是如何发挥威力的。

稻盛先生创业不久，试制陶瓷新产品。这种新产品工艺很简单，就是用压机将粉末状态的金属氧化物压制成型后，放在高温炉里烧结，但因为是电子零部件，尺寸精度高，不允许有变形。

但当半成品放进实验炉高温烧制时便像烤鱿鱼一样，产品弯曲变形，当然不合格。经反复试验分析，弄清了变形的原因：由于压制时压力不均匀，产品上下粉末密度有差异，导致产品在高温下变形。原因找到了，但仍然不能解决问题，要做到产品上下粉末密度完全一致，事实上极其困难，用各种办法改进，效果都不明显。

稻盛先生非常着急，到生产现场，打开炉

门，仔细观察产品在高温下怎样变形。眼睁睁看着产品在高温下翘曲起来，好像活物一样，完全无视认真观察的稻盛先生的心情。

对客户有提供合格产品的责任；作为技术员，解决不了这种技术问题，是一种耻辱；作为经营者，制造废品的经济损失不堪负担。稻盛先生在炉前反复观察，焦急之余，不禁对着产品自言自语："求您了，不拱起来行吗？"看到产品不听话，稻盛先生心中突然产生一种强烈的冲动，忍不住要将手伸进炉内，将产品压住，不让它弯曲。

炉内是一千几百度的超高温，手实际上伸不进去，尽管如此，稻盛先生无意识中还是不知不觉就想把手伸进去。因为不让它变形的强烈愿望，在他内心造成了巨大的压力。这时，似乎听到产品对他说："你不是要压住我，不让我拱起来吗？那压住不就行了吗？"就是说，稻盛先生想用手从上面将产品压住的瞬间冲动，忽然给了他启示，问题一下子就解决了，而且解决方法特别简单，几乎不花成本，用耐火的重物压住产品，就能烧制出完全平整的合格品。

对这一技术难题的解决过程，稻盛先生做了如下解读：

答案总在现场，但是要从现场获得答案，首先从心情上说，必须对工作有不亚于任何人的强烈的热情和使命感，有解决问题的深刻而执着的决心。同时，必须亲临现场，用真诚的目光仔细地观察现场，用眼去凝视，用耳去倾听，用心去贴近。这时我们才可能听到产品发出的声音，找到解决的办法。这些非科学的话，似乎不应出于技术人员之口，但是，信念的执着和观察的敏锐，促使无机质的现场和产品竟也有了“生命”，给了我们无声的启示，一瞬间就帮助我们解决了难题。

稻盛先生相信“创造发明的过程属于哲学领域，而从逻辑和理论上能对它做出证明的时候，才成为科学。”上述解决问题过程中的灵感，并不来自科学知识的积累，与其说它属于科学范畴，不如说它属于哲学范畴。

所谓哲学，本是研究存在和意识、客观和主观、物质和精神关系的学问。半成品因上下粉末不匀，在高温下变形，这是客观存在。稻盛先生出于强烈的责任感，出于无论如何非解决不可的强烈愿望，产生了用手伸进超高温火炉中将产品压住的冲动，从而突然获得灵感，干净利落地解决了技术难题。这个过程是一个主观的精神活动的过程，主观意识可以改变客观存在，这是真理。

2 原则

基本准则最重要

稻盛哲学很重要的一部分，是反复强调正确的做人准则。现实世界中这个问题太大了，远远没有解决。在这方面，稻盛哲学中有不少警世之言，醒世之言，值得世人认真体味。

稻盛先生说：

“拥有正确的思考方式，再加上不懈的努力，命运之门就会开启。”这样的道理，理解容易，一旦要在实践中贯彻，就非常困难。

为什么？因为这个道理太单纯了。比如，对于公平、公正、正义、勤奋、勇气、博爱、谦虚、诚实等词汇，人们早已听惯了，听熟了。因为是自古以来长期反复使用的语汇，反而很少有人认真对待，正面接受。先哲们的教导因为过于纯粹简朴，似乎不说也懂，人们往往将它轻轻放过，并不用它来约束和规范自己的言行。许多人为了出人头地，为了取得人生或经营的成功，反而认为策略权术必不可少，甚至不惜玩弄阴谋诡计，这是一种偏见，一种错误的先入为主的观念。

对先哲们的教导充耳不闻，把先哲们的至理名言当作陈词滥调、尔虞我诈、欺世盗名，这样的人当道，必然将企业和集团带入歧路，招致失败与破灭。

先哲们的纯朴的教诲，经过历史风雨的洗礼，体现了人类的大智慧，决不可等闲视之。公正、勤奋、勇气、谦虚、诚实等，其实就是这大智慧，大智慧决不是什么“三十六计”“七十二变”或别的什么名堂，是否开窍，能否用这大智慧来指引自己，就是人生和经营成败的分水岭。

稻盛先生说：

人生和经营的真谛，并非崇高得可望不可及，更不是什么难以理解的东西，作为最基本的伦理观，其实它就在我们每个人身边。问题是如何忠实地（日语用“愚直”这个词）将它贯彻于始终。

作为人，何谓正确？

稻盛先生说：

创立京瓷公司时，我是一个技术员，理工科出身，对会计、企业经营等可以说一窍不通。在我的亲戚朋友中没有一个经营者，又没有一个人可以请教。但既然自己开公司当了经营者，就必须对公司各种事情做决断。部下来请示："这笔生意做不做？""那个问题怎么办？"因为缺乏经验，不知道该如何回答，常感苦恼。苦恼归苦恼，对下级的疑问，却必须答复，不能沉默，不能回避，不能推诿，决断归根到底得由自己来下。

刚刚诞生的弱小企业，一旦判断失误，很可能立即破灭。我深感责任在身，常因担心而夜不能寐。

拿什么作判断或决断的基准呢？苦恼之余，来了灵感，我想到了原理原则。所谓原理原则，就是"作为人，何谓正确"这么一句话。从小父母、老师教导过的，小时候他们表扬我，责备我，根据什么呢？不外乎“是非对错、好坏善恶”这类最朴实的道理。如果这可作为判断基准的话，那不困难，我能够掌握。

不拿“赚还是亏”做基准，不拿“赚钱多或少”做基准，而是用“作为人，何谓正确”这一原则作判断基准，从这一点出发，去经营企业，去应对和解决一切问题。

京瓷和KDDI如今都已成长为具世界规模的企业了，但是，“原点”就是“作为人，何谓正确”这一条，如此而已。

当初尚未意识到“灵魂”的存在，只是觉得仅仅依靠出自“本能”的损益算计，或仅凭“感觉”“感情”，乃至“理性”，来判断事物，做出决定，仍是不够的。最终必须以藏在“灵魂”深处的“是非对错、好坏善恶”作判断基准，这就是原理原则。京瓷和KDDI有今天的局面，说到底，就凭这一点，并不复杂，更无高深莫测的东西。

听稻盛先生这么说，我有一种顿悟的感觉。我们在充满矛盾的现实生活中追求理想，寻找人生真理的时候，常常会感到困惑，甚至怀疑真理的存在。但是，当我第一次听到稻盛先生把“作为人，何谓正确”当作自己判断事物的唯一基准，并且把他一生事业的巨大成功，归结于这个“原点”时，我感觉豁然开朗：真理远在天边，近在眼前。可谓：“踏破铁鞋无觅处，得来全不费工夫。”

事物的判断基准

北京大学著名教授季羡林先生，称赞稻盛先生《新日本　新经营》一书“零金碎玉，美不胜收”，比喻很妙。但是，稻盛先生若干有代表性的观点，不仅是“零金碎玉”，可称为经营者的“无价之宝”。“作为人，何谓正确？”这一事物的判断基准是其中一例。

测物体长度，比目测准确的是“尺”；测物

体重量，比毛估准确的是“秤”。“尺”和“秤”就是基准。我们日常判断事物时，有无类似的基准？如有，这基准又是什么？

稻盛先生将“作为人，何谓正确”这极单纯的一句话，作为自己一生判断一切事物的基准，耐人寻味。

不是“作为自己，何谓正确”，不是“作为自己公司，何谓正确”，也不以他人的意见、不以世俗观念、先例、习惯等作为判断基准。

我们在日常工作和生活中，会不断碰到各种问题需要应对。在问题和应对之间，我们有选择自己态度的自由。选择正确态度就会有好的结果，选择错误态度就会带来坏的结果。换言之，在问题和应对之间，存在一个选择“空间”。在这一“空间”中，插进“作为人，何谓正确”这一“疑问句”（见图示），并随时注意，反复自问自答，永远追求正确，追求公正、正义、勇敢、谦逊、勤奋、同情、开朗、不骗人、不贪婪、不损人利己等作为人应有的态度和行为。

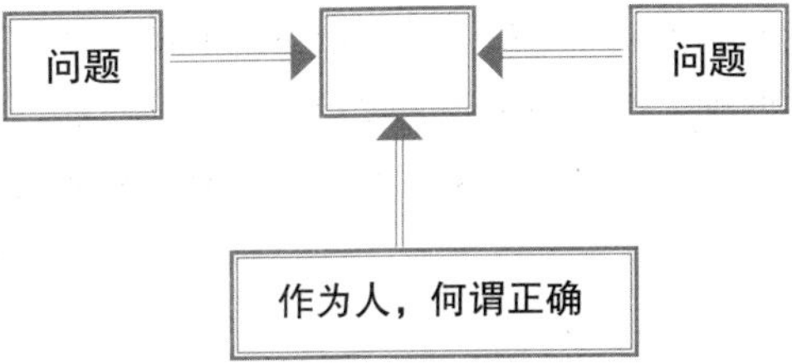

人是血肉之躯，有各种本能的欲望，一不小心，就会私欲膨胀，陷入自我中心，因此随时需要这样的基准，须臾不可忘却。

稻盛先生说，现实世界或许总有丑闻发生，但是，即使身处这样的社会环境，我们仍然应该不断地自问“作为人，何谓正确”。不管这个世上发生什么事，我们照样不懈地追求正确，始终抱有一颗追求人生理想的、纯洁的心。

当然，“作为人，何为正确”不过是“心尺、心秤”，与“真尺、真秤”不同，只能以“疑问句”表示。因为问题千差万别，解决办法不可能千篇一律。具体的正确答案必须不断地、诚心诚意地、实事求是地去追求。但是，不管什么问题，只要抱上述坚定信念，孜孜以求，就一定能找到良计妙策，而这又与成功和幸福紧紧相连。

原理原则单纯为好

（1）将经营原则简化

稻盛先生说：

我们往往有一种倾向，就是将事物考虑得过于复杂。但是，事物的本质其实极为单纯。乍看很复杂的事物，不过是若干简单事物的组合。人类的遗传基因，由多达30亿个盐基排列构成，但是表达基因的密码种类仅有4个。

真理之布由一根纱线织成。把事情看得越单纯，就越接近真相，也就越接近真理。因此，抓住复杂现象背后单纯的本质，这样一种思考方式极为重要。这可称为一条人生法则，这法则同样适用于经营。人生与经营，根本的原理原则相同，而且单纯至极。常有人问我经营的窍门或秘诀，当说出我惯常的见解，他们不禁露出诧异的神情，那么简单的道理，他们也知道，但是用这么朴实的思想就可以经营好企业，他们觉得难以置信。

稻盛先生创建京瓷时，对于企业经营，缺乏知识和经验。然而，“企业里各种问题、须做决定的各种事项接踵而来，我是负责人，每个问题、每个事项如何应对，如何解决，最终决定必须由我来做，营销的事情、财务的事情，即使自己不懂的事情，都必须迅速做出决断”。

他说：“因为缺乏经验，过去曾那样做过，现在这样做就行，连这样依据经验进行的判断，我也做不到。”怎么办呢?

客观世界是遵循客观规律或叫“原理原则”运行的，那么经营有无基本的规律呢?

稻盛先生说："左思右想，我想到了'原理原则'。所谓'原理原则'，用极其单纯的一句话表达，就是'作为人，何谓正确？'因为经营也是人做的、以别人为对象的一种活动，因此在经营活动中，什么是该做的事，什么是不该做的事，这种判断也不能偏离作为人最基本、最起码的道德规范。"人生也好，经营也好，说到底很简单，只要遵守这单纯的原理原则，就不会犯大错误。

京瓷创立之初，稻盛先生在听会计解释复杂的财务报表时，对借方、贷方、资产、负债等概念搞不清。

"这边写着是资本金，资本金为什么和负债并列呢？这不是我们公司的钱吗？"稻盛先生问。

"对外行人解释就是这样，越解释越复杂。"会计答。

"那就算了。总之，经营就是增加销售额，从中扣除经费，剩下的就是盈利。"

“的确如此。”

“那就不用讲得这么复杂。经营不就是使销售最大化，经费最小化嘛。”

稻盛先生说，经过争论后，自己一直按照“销售最大化，经费最小化”这个简单原则开展经营。

稻盛先生说，在公司内部会议上有人常讲“这个问题很复杂”，做说明时又把原本复杂的问题更加复杂化，令人摸不着头脑。尤其是那些有学问的人，似乎都有把简单事情做复杂说明的倾向。大概因为，如果对简单的事情做简要说明，让人觉得没什么了不起，不足以体现他的高水平，所以就故意复杂化，借此炫耀自己的学问。

可是，真正头脑聪明的人，恰恰是那些能把复杂的事情做简单说明的人。对复杂事情做复杂说明的人，他自己就不理解事情的本质。

（2）加进一“元”，使复杂变简单

科学技术中的发明创造，其实也是将复杂

现象简单化，把现象看作入门的向导，一进门就抓住本质，从复杂现象中抓住事物单纯的本质，然后再用本质来解释现象，指导行动，做到所谓“纲举目张”。

稻盛先生说，所谓科学技术、研究开发，就是做实验，观察实验中发生的现象，从中抓住真理。但是，在做实验时，会有各种各样复杂的现象产生。如果复杂现象复杂理解，那就是一团乱麻，什么也弄不清。必须把复杂现象简单化，也就是说，尽管看起来很复杂，但是必须看到产生复杂现象的根源，即复杂现象背后单纯的本质。

所有卓越的科学家、技术专家们都具有化繁为简的直觉力或者说分析力。稻盛先生的好友中，有一位著名的数学家，名叫广中平佑，广中先生解答过多个无人能解的难题，获得了被称为数学诺贝尔奖的菲尔兹奖。当问他如何解答难题时，他说：“简单地说，就是把二元解不开的问题用三元去解。”意思就是通过把复杂的事情简单化，从而求得解答。广中先生说了下面的一番话：

“假设有一个平面交叉的十字路口，没有信号灯，有车从四面同时开来，有的车要转弯，有的车要直行，陷入一片混乱。于是，建立一个立体交叉口。从上方俯视，好像仍然是十字交叉，但是因为有高架桥，是立体交叉，所以即使没有信号灯，车辆也能畅通无阻。”

二元中复杂难解的问题，用三元来简化，平面问题（二维）用立体（三维）来解决。在利己世界中纠缠不清的利害关系，在利他的高层次上很快就能解决。

稻盛先生说，经济现象也好，政治问题也好，能够将事情简化并抓住其核心的人，才是最有能力的人。

（3）心静见真

那么，应该如何做，才能将事情简化并抓住其核心呢？稻盛先生提出佛教的所谓“禅定”，即静心。心神不定，就不可能把复杂的事情简单化。把心沉下来，六根清净，就能看到事情的真相，看到现象背后的本质，就是俗话说的“慧眼大开”。

稻盛先生说，自己每天念白隐禅师的《坐禅和赞》，注意平心静气。他认为，每天至少一次，平心静气地深入思考问题非常重要。

靠头脑聪明，靠能力从事经营，虽然可以获得一时的发展，但他仍然十分脆弱，必定会在某个时候遇到挫折，陷入困境。只有善于思考，善于将复杂现象简单化，善于把握事物本质的人，才能常胜不败。这也是一个优秀领导人的必备条件。

《菜根谭》“理出于易，道不在远”一节中说：“禅宗曰：‘饥来吃饭倦来眠’（最简单的生活真理）。诗旨曰：‘眼前景致口头语’（写诗的要诀是注意眼前的景致，多用通俗易懂的话）。盖极高寓于极平，至难出于至易。”这话的意思，同稻盛先生讲的一样，即最重要的真理往往最简单直白。

3 人格

性格和人格

（1）精英们身败名裂

近几年日本企业界不断传出舞弊丑闻，在某些行业内经营了几十年的、著名的，甚至首屈一指的大企业，在一夜之间轰然倒塌，或受了致命伤。比如雪印乳业、日本 HAM（火腿）、东京电力、三菱汽车、西武集团等。不仅日本，美国大型能源公司安然，美国 5 大会计事务所之一的安达信，美国排名第二的世界通信，也因财务丑闻，一下子变得声名狼藉。

这些公司的领导人，不论是创办风险企业获得巨大成功的创业型经营者，或者是使企业中途再度起飞的大公司总裁。他们个个才华横溢，都有燃烧般的工作热情，或者开发了高新技术，或者创造了崭新的市场运作模式，或者在经营战略上屡出高招，他们出众的才华和非凡的努力，创造了奇迹，把他们的事业引向顶峰。那么究竟为什么，几乎在一瞬间，他们就一落千丈，身败名裂呢?

从稻盛先生的成功方程式看，这些人“能力”及“努力”都是高分，但是方程式的第一要素“人格”（即“思维方式”）发生问题，出现了负值，导致结果成为负数，不但对他们自己及其企业是重大失败，而且对整个社会形成了严重的冲击。

稻盛先生亲手创建了与日本最大的通信公司 NTT 相匹敌的第二电电，而与美国最大的通信公司 AT&T 相对抗的就是美国的世界通信。世界通信创建于 1983 年，第二电电 1984 年成立。而且稻盛先生创建第二电电时，曾以美国有名的长途电话公司 MCI 作为参考的样板，而后来 MCI 公司又被世界通信所并购。因此，稻盛先生对世界通信的垮台及其原因分外关注。

（2）领导层的人格堕落

世界通信的创始人埃伯斯先生是一位商业

奇才，他积极运用M&A战略，合并收购了MCI公司等50多家企业，在不到20年的时间内，创建了足以同AT&T分庭抗礼的大型通信公司。其商业模式是，将本公司股票维持在高位值，再用这高价股票通过交换方式，把竞争对手的企业收购过来。

为了不让股票下跌，给股票分析商及股民以错觉，2002年，该公司不惜做了38亿美元的巨额“粉饰决算”，把本该打入成本的费用记入设备投资科目，将费用算作资产，也就是说“做假账”。企图用这种欺世盗名的方法，继续实行其M&A战略，使企业持续高速发展。CEO埃伯斯、CFO等企业高层都持有公司原始股，他们可以因此获得巨额报酬。

世界通信的财务丑闻，是企业领导人出于利己动机的明知故犯，其本质是经营者的人格堕落。

稻盛先生说，出众的“才华”和非凡的“努力”可以形成强大的力量，但这种力量用向何方，必须由“人格”来驾控。如果人格扭曲，“才华”和“努力”就会被“恶用”，会带来严重恶果。

（3）人格＝性格＋哲学

稻盛先生说，许多经营者都知道“人格”的重要性，但是，究竟什么是“人格”，怎样才能维持和提升自己的“人格”，他们并不清楚。因此，取得成功后又遭受挫败，甚至没落的经营者层出不穷。

稻盛先生说，人先天的“性格”，加上在成长道路上学得的也就是后天的“哲学”，形成了“人格”。即人格＝性格＋哲学。

人先天的性格可以说千差万别。有的个性强，有的个性弱；有的外向，有的内向；有的急躁，有的稳重；有的开朗，有的多愁；甚至有的任性自私，有的谦和而富同情心。

如果一个人在其生活道路上，没有学得正确的人生“哲学”，那么他原有的“性格”就原封不动地成为他的“人格”。就由这样的“人格”

掌控他“才华”和“努力”的方向，作为领导人来讲，这是很危险的。如果这个领导人个性强，又任性自私，他的“才华”和“努力”最终必然走向反面。

稻盛先生说，很遗憾，任何人先天的“性格”都有不足之处，最好的“性格”也不可能完美无缺。因此我们必须学习和掌握高尚的人生“哲学”，用以提升自己的“人格”。而这对领导诸多员工、负有很大社会责任的经营者而言，更为重要。

（4）学习、实践、反省三位一体

先哲、圣贤们所倡导的为人之道，也就是“哲学”，经历千秋万代，流传至今，它具有感化的力量，告诉我们人生的真谛。

怎样才能学好“哲学”，提高“人格”呢？

第一是反复学习。学习任何东西都必须反复才能掌握，学习“理念”“哲学”更是如此。不是学过一遍，似乎理解后，就可束之高阁。笔者熟识的许许多多热心学习稻盛哲学的日本

“盛和塾”的塾生，他们一年十几次参加“塾长例会”，反复聆听稻盛先生的教诲，尽管稻盛先生每次讲演的精神大同小异，但他们却每次都有新的感动。而且这类会议不仅在日本各地开，有时开到中国、美国、巴西，他们照样追随不误，所花旅费、住宿费相当可观，所花时间、精力更可想而知。他们不仅参加会议，而且认真听讲、认真记录、认真复习。他们都是经营者，有人开始时误解他们，认为他们好像听名人讲演比经营自己的企业更有兴趣。但一打听，他们的企业大都经营得有声有色，其中行业内世界第一的企业也并不鲜见。他们就是在反复认真的学习中，领会了稻盛哲学的精髓，提升了人格，取得了事业的成功。

第二是实践。“知”不等于“行”。正直、勤奋、谦虚、勇敢、节制等做人的原则，说起来容易，但光说并无意义，必须在日常工作和生活中，以具体的行动表现出来，必须把正确的理论付诸实践，而实践是很难的，所谓“知易行难”。如果我们内心真正相信、并且在行动上完全实践了这些原则和理论，我们就成了“圣人君子”，但事实上我们成不了“圣人君子”，因为我们是血肉之躯，我们有很强的欲望和很多的烦恼。社会的不公平，常常给我们负面的刺激。我们很想成为知行合一、受人信赖、受人尊敬的优秀人，但我们往往成不了这样的人，这就是我们凡人的悲哀。看看我们这个社会，从上到下，说起来头头是道的人很多很多，而做起来一丝不苟的人却很少很少。至于台上好话说尽，台下坏事做绝的贪官污吏，具有中国“特色”的、恬不知耻的两面派们，似乎还并无减少的迹象。

稻盛先生说，20多年来，通过盛和塾，我不厌其烦地向大家诉说这些道理和原则，并不是因为我自己都实行了，我已经成了“圣人君子”。祈愿自己成为一个完美的人，尽管祈愿，却成不了这样的人，因此时时自问自责，在大庭广众面前讲，是对自己的鞭策，是努力向自己祈愿的方向靠近，哪怕是靠近一小步。

有人说，这一套做人的道理不过是常识，谁不懂？但是，什么叫“懂”？所谓“懂”，不仅是了解和记住这些道理，而且把它作为信念，血肉化。因为“懂”而改变了自己，改变了自己的观念和行为习惯，改变了人际关系，改变了自己的人生，否则仍然是不懂，或者似懂非懂。这其实是一个脱胎换骨、自我更新的过程。“知而不行”，这种“知”同“不知”并没有区别。

只有把真理注入了人格，才能在日常生活中，在解决各种问题，特别面临重大判断时，坚定而不迷失，果断地做出正确的选择。

同时，只有通过实践，才能对客观事物有更全面、更深刻、更准确的了解，才能进一步提高自己对人、对己、对事的认识能力，提升自己的理念。

第三是反省。先贤们的教诲以及稻盛哲学，尽管深刻动人，但讲的都是一般的做人道理，是理所当然的常识，没有任何难以理解的地方。但用这种“教诲”“哲学”，同自己的人生、自己的工作、自己的经营、自己的行为认真对照，我们常常是所谓“抽象肯定，具体否定”，或者叫“总论赞成，各论暧昧”。人有本能的利己欲望。另外，像恶劣的自然环境会侵害我们的身体一样，不良的社会风气也会污染我们的心灵。因此在反复学习、深入实践的同时，必须天天反省，修正自己，增强自己的抵抗力和免疫力。孔子曰：“吾日三省吾身。”圣人还要天天反省，何况我们凡夫俗子。反省又叫反思，是对自己的思想和言行以及有关事物本质的深入思考。学习和思考要结合，孔子说得好，“学而不思则罔，思而不学则殆”。同时，思考与实践要结合，通过认真的思考和真诚的反省，一旦发觉自己有错，应该迅速承认和纠正，决不以任何理由文过饰非。又是孔子说得好：“君子之过也，如日月之食焉：过也，人皆见之；更也，人皆仰之。”

稻盛先生说，一个人所持有的哲学、思想、信念或者说人格，将决定他的一生。但是，我们人是生下来就有肉体的，为了维持肉体的生存，每天都要吃饭、喝水、睡眠。人本能地要保护自己，即有一颗利己和充满欲望的心。

另外，为了维持家族乃至种族的繁衍，人还有性欲；为了生活更富裕，更有保障，人还有金钱欲；为了实现自己的主张，需要权力，有的人还有权力欲等。

这样说好像很肮脏，但这是为了维持人的生存和发展，我们产生的本能。然而，对这种本能如果不加遏制，放任自流，它就会无限膨胀，害人害己。

解决这个问题，外面靠社会机制的约束，但内省，即自我反省也特别重要。不管组织内外的制度设计多么精密细致，如果人们，特别是领导人的人格低下、不会反省，那么违背道德、违反规则乃至触犯法律的事情仍然难以杜绝。

稻盛先生说："如果不时时反省自己，就不可能坚持正确的'思维方式'，保持高尚的人格，更谈不上提高人格。纯化心灵，使自己的行动向善的方向发展，反省不可或缺…… 我这样说，好像自己很了不起似的，但是我也远不是完人，一有机会也可能做坏事，希望满足自己的欲望，我也是一个普通的人，当然也会犯错误。或许有人说，犯点错误，做点坏事，这才更像一个现实的人。但是，错误毕竟是错误，坏事毕竟是坏事，还是应该时常提醒自己要反省，努力做到不比现在更坏。"

一个懂得反省并经常反省的人，必定是一个谦逊的人。"唯谦得福"，幸福只肯光顾谦虚的人。无论你有多大本事，有多大成就，有多大权力，也决不可自满，决不可傲慢，决不可专横，而要做到这一点，就要时时深入反省自我。

深入反省，解剖自己，不仅能提高自己的情操，丰富自己的精神生活，而且能更深刻地理解别人，理解这个世界，把事情办好。

稻盛先生说，年轻时每天早晨洗脸前反省自己，现在每天睡觉前也要反省。如果白天说了一句过分的话，晚上回到家里，或在宾馆的房里，就会大声说："神啊，对不起，我为刚才的态度抱歉，请您原谅我。"又说："神啊，衷心感谢您，是您让我意识到自己的失言和失态。"

稻盛先生说，这些话让别人听到，会认为我神经不正常，我自己也会感到难为情，所以关在房间，在一个人的空间里大声说，这样来反省和告诫自己。

稻盛先生说，天天反省，就是磨炼心志，提升人格，也就是维持并提高方程式中的"思想·人格"。从这个意义上讲，"反省可以完结人生方程式，给方程式打上句号"。

通过学习、实践、反省来提高"思想·人格"，我们的古人也懂。孔子曰："好学近乎知，力行近乎仁，知耻近乎勇，知斯三者，则知所以修身。""修身"就是提升人格，那么"修身"

靠什么呢？无非是“好学”，即学习；“力行”，即实践；“知耻”，即反省。真可谓“古今英雄，所见略同”。

学习、实践、反省是三位一体，互相渗透。只学不做、只想不做，或只做不想、不学都不行。“自己人生的每一天，其实就是通过经营实践，不间断地提升理念的每一日。”第一次听到稻盛先生这句话，原盛和塾一位本部理事说，他像受了电击一般浑身震颤。正确的人生哲学要活到老、学到老、做到老，终身不渝。

（5）中国更需要稻盛哲学

上述日本和美国的惨痛的事例，说明那些才能出色、拼命努力、创造奇迹的企业家，他们手握重权，又有威望，但是，如果没有相应的高尚的人格，缺乏正确的判断事物的基准，他们就会居功骄傲，在公司内可以飞扬跋扈，纵横捭阖。这种情况之下，即使有健全的制约机制，仍难免流于有名无实。

稻盛先生还从宏观角度阐述他的见解。他

说，资本主义发展的历史和战后日本经济社会发展的教训说明，一味追求物质富裕和企业自身利益的私心私欲是造成道德沦丧、思想颓废、环境污染、经济萧条的罪魁祸首。他希望中国能妥善处理由经济高速发展而出现的类似问题，吸取先人和其他国家的经验教训，成为令世界各国尊敬的楷模。

实际上现在我们中国的某些企业，在违规违法方面比之日、美企业有过之而无不及。有审计数字表明，我们企业问题的密度和性质，不知比他们严重多少倍。如果认真查办，垮台的企业恐怕要接二连三。不仅在企业界，在其他领域内，甚至在医药界、教育界，各种道德沦丧的丑闻触目惊心。我们官员腐败的问题也是老大难。所有这一切，在我们改革开放取得举世瞩目的伟大成就的同时，给我们的社会蒙上了一层阴影，引发了各种社会矛盾。解决这些矛盾，靠经济手段、靠行政命令、靠法律制裁，仍是不够的，因为各种乱象背后是一个人心的问题，人心问题是个哲学问题。

由此可见，稻盛先生的成功方程式，他关于性格和人格的论述，他的白璧无瑕，他的成功事迹，足供我们参考。就这个意义上讲，我认为现在的中国甚至比日本和美国更需要稻盛哲学。

深沉厚重是第一等资质

（1）三等资质的当权者太多

稻盛先生说，小至一个村庄、一个学术团体、一个企业，大至一个国家、任何一个集团的命运，与它的领导人关系极大。

有关领导人的资质，中国明代思想家吕新吾，在其论著《呻吟语》中说："深沉厚重是第一等资质。"就是说，具有厚重性格，并善于对事物进行深入思考，是作为领导人的首要条件。领导人必须具备高尚的人格，这一点应该成为社会共识。

同时，吕新吾又说："聪明才辩是第三等资

质。”就是说，聪明能干，巧于辞令，不过是第三等资质。

稻盛先生说，不论东方、西方，当今世界，只具备第三等资质，即“聪明才辩”的人，被选拔为领导人，这种现象相当普遍。当然这种人作为“能吏”使用，未尝不可，但是，是否适合当集团的领导人，是一个很大的疑问。

稻盛先生认为，现实社会之所以混乱，就是因为很多集团的领导人只具备第三等资质。因此，把具备高尚人格，具有“深沉厚重”资质的人选为领导人，极为重要。“让德高者就高位，给功多者以褒奖”。

现代日本以及欧美等发达国家，在选拔领导人的条件上，似乎达成了某种共识。即这些人应该头脑清晰，口才好，在专业领域内有务实能力。这种人受重用，升职快，最终往往被选为集团的领导人。许多公司也是只晓得聘用成绩优秀的学生，通过工作及各种训练，把他们培养成“聪明才辩”的专家，其中工作最出色的被任命为总经理，这似乎是天经地义的事。

战后的日本，奉行“经济增长至上主义”。在这种社会背景下，在选拔人才时，往往重视才能，因为有才能的人似乎容易带来经济效益。而人格因不好考核，往往受到忽视。公务员选拔，只看考试结果，分数高就可以进入政府重要部门。缺乏厚重人格、缺乏深刻思想、缺乏哲学素养，但能言善辩，适合在电视镜头里表演的政治家，容易受到选民的青睐。

最近几年，日本不少有名企业违法丑闻迭出，例如曾被称为世界首富的西武集团总裁堤义明，曾经显赫一时，后因犯法而身陷囹圄。当丑闻被发觉，面对新闻记者，这些企业的领导人或者惊慌失措，或者推卸责任，或者说“发生这样的事，极为遗憾，非常对不起”“必须防止再次发生”等千篇一律的敷衍话。稻盛先生说，看不出他们作为领导人的真挚和诚实，看不出他们正视现实、承担责任、扭转危局的勇气和信念，看不出他们有制约自己内在的规范、伦理基准和哲学。他们甚至连“善恶、正邪”也区分不清。三等资质的人放在一等重要的岗位，集团迟早要走向破灭。

稻盛先生认为，作为集团的领导人，仅是思维敏捷乃至工作出色，仍是不够的。排在“能干”之前的，是领导人的人格魅力，就是吕新吾所说的第一等资质“深沉厚重”，和第二等资质“磊落豪雄”。领导人靠这种受人信赖和尊敬的人格魅力，才能凝聚部下的心，率领团队在正路上不断前进。

这三等资质，换言之就是人格、勇气、能力。领导人最好兼备这三种资质，如果要排顺序，那就是人格第一，勇气第二，能力第三。

（2）“人格”不能只看一时

稻盛先生认为，人的“人格”既不是与生俱来的，又不是一成不变的，它是会变的，既可能向好的方面变，也可能向坏的方面变。比如原来很勤奋又很谦虚的人，一朝权力在手，就变得傲慢起来，专横独断，或者以权力谋取私利，甚至不惜以身试法。另有一种人，前半生没做好事，甚至在社会上兴风作浪，但是在历尽辛酸之后，以某事为契机，幡然悔悟，浪子回头，这样的例子也不在少数。

既然“人格”会随时间或环境的变迁而变化，那么某位人物是否适合当领导人，就不能仅用“当时”这一时点上他的“人格”如何，做出判断。

那么应该怎样选拔领导人才不至于选错呢？稻盛先生谈到了他的接班人，第二任京瓷会长伊藤谦介。

（3）磨炼中悟道

稻盛先生创办京瓷之前，在松风工业公司从事新型陶瓷的研究开发，伊藤高中毕业后，进研究室当稻盛先生的助手。

松风工业是一个破旧的亏本企业，研究室十分简陋，也没有什么好的实验设备，整天跟陶瓷粉末打交道，工作条件相当艰苦。当时，稻盛先生开发出了供松下电视机使用的陶瓷元件，由伊藤动手生产。因为没钱买新设备，只能使用一台老式手动压机，干的是力气活，伊藤个儿又小，从早到晚，就像天天练举重，不到一个月，手臂上肌肉就隆了起来。繁重的体力劳动之余，伊藤想去上夜大，而且已经考上了，但因为工作忙，经稻盛先生劝阻（大学不上也行，我来教你）后放弃，全力投入工作。伊藤专心致志，勤勤恳恳，拼命努力，几十年如一日，在这过程中，他提高了能力，发挥了才华，磨砺了心志，提升了人格，培养了领导人的资质。京瓷海内外员工已达7万，干部中有不少一流大学毕业的高才生。伊藤只有高中学历，照样成为大企业的领导人，受到大家的尊敬，工作做得有声有色。不只是伊藤一个人，在京瓷公司，高中毕业生甚至只有初中学历的人，担任诸如事业部长重要职位的还有许多。他们为什么能够胜任，因为他们的人格为部下所折服，具备了领导团队的资格。他们这种优秀人格从何而来？很简单，就是从一心不乱、持之以恒、精益求精、实实在在的工作实践中来。

在日复一日、踏踏实实的工作中认真体会人生的真理，在亲身体验中明白正确的做人准则，具备高尚而且成熟的人格，进入了所谓“悟”的精神境界，这样的人物即使当选领导之后，也不会骄傲，不会堕落，而是一如既往，殚精竭虑，并在工作实践中继续提高自己的人格，为了集团，为了正义，不惜任何的自我牺牲。选择这种具有“深沉厚重”资质的人物做领导人，是集团之幸，他们必然会统领集团走向成功。

才能不可私有化

稻盛先生常把公司比喻为一个剧团。剧团有主角、配角，还有人负责道具、化妆、服装等。公司也一样，根据各人的特长，承担不同的职务。在京瓷公司稻盛是主角，为什么当主角，稻盛先生说：“也许因为自己有一点经营才能。但上苍未必一定要把这才能授予稻盛和夫，换了另外一个有才能的人来当主角，戏剧可以同样演绎。我具备的才能，我发挥的作用，并没有唯我独有的必然性。别人拥有同样的才能，履行与我相同的职责，也没有任何不妥当，没有任何不可思议之处。”稻盛先生还说：“京瓷也好，DDI 也好，对现代社会这一舞台来说，它们的存在也许是有必要的，但建立和培育这些公司的人，却并不必非稻盛和夫不可。因此，我不能利用上苍赋予我的才能来谋私利。”

就是说，领导人切不可将个人才能私有化。稻盛先生说：“在意识到这一点时，我不禁悚然而惊。因为我也曾认为自己的才能纯属私有财产，凭借这才能获取的成果应当由自己享受。”

特别是 IC 陶瓷封装开发成功，京瓷急速发展，在大阪证券交易市场二部上市时，公司税后利润已达 10 亿日元，而稻盛先生的年薪仍只有区区几百万日元，比一般干部高不了多少，稻盛先生的心里也产生了不平衡。他说：“是我的技术为公司创业打下了基础，是我夜以继日忘我工作，促进了企业的发展，是我的才能给公司带来了成功，获取与贡献相对应的报酬，难道有什么不对吗？这些想法曾在我脑里闪过。

“幸好当时我已悟得，才能属天赐，不得据为己有。才能由上苍偶然授予自己，上苍要求将它回报世人、回报社会。将它视作私人资产而独享恩惠，就违背了上苍的意志。我应该将自己的才能贡献给员工、股东、客户以及社会。”稻盛先生如此说。

不可把个人才能私有化，这是一种什么境界？我们有些人，不仅理所当然地把个人能力私有化，而且千方百计把公共权力部门化，部门权力个人化，个人利益最大化，而在嘴上又“说的比唱的好听”，两面派功夫世界一流。对照稻盛先生，我们应该汗颜，如果我们还有良心的话。

领导者把个人才能公有化，将它用来为大家服务，自己的才能才会得到最大程度的发挥，才会始终心地坦荡，才会凝聚团队的合力，在事业成功的同时，获得精神上最大的满足。

以心唤心

（1）五官有共性

稻盛先生在《活法贰：成功激情》一书中有一节“以心唤心”。那么，为什么“心可唤心”呢？

我想，因为人心中有共通点，“心有灵犀一点通”。人有五官，有“心”。人的五官有共通点，比如：

眼睛喜欢美丽，讨厌污秽。

耳朵喜欢音乐，讨厌噪声。

舌头喜欢美味，讨厌馊味。

鼻子喜欢香气，讨厌臭气。

皮肤喜欢柔和，讨厌生硬。

人的五官虽有个人差，但仍有上述共通点。

（2）无私有识

人的五官有共通点，那么人的“心”又怎

样呢？有无类似的共通点呢？什么东西可以感动人心，激励人心，唤起人心呢？

在企业里，领导公正无私的人格可以打动员工的心。

所谓公正无私，就是不以私利，不以个人好恶，不以个人感情，而以正确的原理原则为基准，对一切问题做出判断。

自信而又谦逊、大胆而又细心、严格而又和蔼、果断而又谨慎、富正义感、有判断力。对员工而言，领导这类素质最具魅力。相反，对那些自我中心的、傲慢的或卑怯的领导，员工会心生反感。

就是说，人心同五官一样，也有共通点，因此“心可唤心”。

这件事与别的什么事有关呢？与事业成败相关。

办企业、做生意，不仅涉及物与物、钱与钱或钱与物的关系，归根结底是人与人、心与心的关系。“一个好汉三个帮”。一个经营者，如果没有客户、员工、投资者，至少这三方面的协助，个人纵有三头六臂，还是难成大事。要做到“以心唤心”，必须以“纯化、净化、提高自己的心性”为前提条件，稻盛先生反复这样强调。

中国明代思想家吕新吾，在所著《呻吟语》一书中，提出“无私有识”这句话。无私之心，易生良识、易生理性、易对事物做出正确判断，并易获得他人的信任、尊敬和协助，也就易于取得事业的成功。

释迦的六波罗蜜

怎样才能提高自己的人格和道德水准，稻盛先生时常引用释迦的“六波罗蜜”，对它进行深入浅出的说明。

稻盛先生信仰佛教，但他并不停留在单纯的信仰上，而是结合切身的体验，给予佛教某些内容积极的解释，对“六波罗蜜”的阐述就是一例。

“六波罗蜜”是佛教语言，是指为磨炼心志、纯化灵魂而必须进行的六项修行。

（1）布施

给寺庙香钱，给僧人谷米，叫作布施。布施又叫施舍，原意就是帮助穷人，对他人对社会做奉献。有慈悲心，对人怀抱真挚的同情，总带着这意识度人生，释迦称之为布施。

这不仅是有钱人的事，即使没有钱，也可以尽力；即使无此力，也可尽此心。

对人充满爱心，乐善好施，不拘于物质，亦包含精神支援，坚持不懈，就是修道，就能提高心性。

（2）持戒

持戒就是遵守戒律，释迦将人不可以做的事定为戒律。但不幸的是，人们往往不知不觉就违反了这些戒律，这时候就应该进行认真的反省，不允许自己再犯同样的错误。

人之所以会做坏事，甚至触犯法律，是因为人有血肉之躯，就是说人有食欲、性欲等本能。这种本能一方面是生存所必需，但另一方面它驱使人偏向自私和利己，以致难以自拔。

与具备本能一样，人还具备烦恼。可以说，人本来就是烦恼的动物。按释迦的说法，人的烦恼有108种之多，其中的贪、嗔、痴，即贪欲、嗔恨、愚痴，被称为人心的“三毒”，人很难从这“三毒”中解脱。所谓“破山中贼易，破心中贼难”。正因如此，我们必须竭力抑制此类烦恼，正确控制自己的言行。不可贪心、不可猜忌、不可妒忌、不可怨恨……抑制这种种烦恼本身就是“持戒”，就能提高心性。

（3）精进

无论做什么都要全身心投入，即努力，但不是一般的努力，而是“不亚于任何人的努力”。稻盛先生曾经举过农夫二宫尊德的例子，劳动伴随汗水，耐得住辛苦，日复一日、拼命努力，才能锻炼人格、提高心性，古今中外一切伟人概莫能外。

心无旁骛，专注于工作，精益求精，几十

年如一日，不断解决工作中碰到的困难和问题，不仅事业成功，而且在这过程中意识到事物的本质，提高精神境界。所谓“在改造客观世界的同时改造自己的主观世界”，就是这个意思。

（4）忍辱

不屈于苦难，忍得住痛楚。人生本是波澜万丈，我们活在这世上，总会遭遇各种艰难困苦，但决不被它们吓倒、压垮，决不逃避，忍耐，硬着头皮顶住，而且继续努力做好该做的事，这就是磨炼心志、提升人格。“三军可夺帅，匹夫不可夺志也”。当你体会到艰难困苦是心灵成长的机会，是磨去心灵锈斑的砂纸，因而能坦然面对，“刀枪不入”，你就可以进入悟境。

（5）禅定

浮躁的氛围、激烈的竞争、紧张的工作、快速的生活节奏等各种矛盾和烦恼，在这现实环境中，要定下心来深入思考问题有点难。正因为如此，我们必须忙中抽闲，每天至少腾出片刻工夫，抑制烦躁，将动摇不安之心镇静下来，聚精会神于一点，直视自我，反省并修正自己。虽不必拘泥于坐禅、冥想等形式，但最少每天一次的静心思索非常重要，花点时间也值得，“磨刀不误砍柴工”，因为这将使人正确且深刻地修行。

（6）智慧

通过上述布施、持戒、精进、忍辱、禅定五项修行，终于可以接近所谓“宇宙的智慧”，即一种“悟”的境界。能够悟得宇宙的真理，即主宰天地自然之最根本的法则。

4 利他

依赖他人还是帮助他人

当京瓷还比较弱小的时候，劳动环境差，工资不高，福利条件也难令人满意。刚进公司的大学生们不免感到失望，发些牢骚。稻盛先生在新员工入厂仪式上说，你们从小到大一直受父母、老师以及社会上许多人的帮助照顾。

从现在开始步入社会，踏上工作岗位，应该轮到你们反过来回报社会了。如果还一味要别人关照，那不行。从受人帮助到帮助别人，立场需要180度大转弯。现在我们公司确实还小，各方面条件尚差强人意，我们要把企业做好，工资福利也要大大提高，但这必须靠你们自己辛勤劳动，不是靠别人帮助，必须用自己双手创造。

习惯于依赖别人，只想要别人照顾自己的人，往往缺乏知足意识，只会发泄不满，不晓得为别人着想。角色转变，要为周围的人服务，要为团队、为企业做贡献，这是人生观、世界观的根本性转变。

稻盛先生说，当时他自己还不知道“利他”这个词，这个词来自佛教。当时只知道人不能只为自己，应该尽力为别人做些什么，有时甚至牺牲自身利益也要为他人尽力。虽然只是出于一种朴实的想法，尚未形成明确的哲学，但稻盛先生认为这就是人间正道，不仅自己带头这样做，而且谆谆教导员工，要求他们也这样想，这样做。

天堂地狱一纸隔

一天，一个小和尚向长老请教：地狱在哪里？

长老答道：有一个直径一米的大锅，锅里热气腾腾，煮着美味的面条，但是吃面条的筷子也有一米长。我们想象一下，会产生什么情景。大家都饿了，拿着这长筷子争吃面条，但筷子太长，可以夹住面条，却送不进口。可是每个人都想第一个吃，都发狂似地争抢，于是就乱了套，开始吵架，结果面条撒了一地，谁也没能吃到，这就是地狱。

小和尚接着又问：那么天堂又在哪里呢？

长老答道：天堂里也是这锅、这筷子、这面条，但是那儿的人用筷子夹起面条，朝锅对面的人说："这面条可好吃啦，请先尝尝。"对面的人很开心地吃了，然后说："谢谢您，让我报答您吧。”于是夹起面条送到这方的嘴边。于是所有的人都高兴地享用了美味的面条。

只考虑自己，还是先为对方着想，这决定了我们的人生是在天堂还是在地狱。

就是说，利他的思想和行为，不但使大家获得物质上的满足，而且同时又共同获得精神上的满足。

天堂地狱，物理条件相同，不同的是人的心态，就是方程式中的“思想·人格”。上述情景我们在现实生活中司空见惯。比如汽车这一现代文明的工具，给我们带来速度和方便，但总有十字路口，总有窄道，司机如果争先恐后，不肯让别人先行，造成交通堵塞，别人走不了，也误了自己出行。至于酿出交通事故，结果更惨。我们本可以生活在天堂，为什么总要往地狱里挤呢?

幸福是什么

稻盛先生说：“不管身处何种环境，我都能

感受到属于我自己的那份幸福。回想至今为止的经历，我强烈地意识到，幸福其实是很主观的东西。感受到幸福还是感受不到幸福，归根结底，取决于当事人的心态，这里不存在任何普遍性的标准。”

不管物质多么富裕，如果一味追逐无限扩大的欲望，你总不满意、总不知足，即使有一时的快感，却绝不可能感受到真正的幸福；相反，物质条件很差，甚至一时赤贫如洗，但只要拥有一颗满足的心，怀抱希望努力奋斗，仍然能够感觉到幸福。

释迦的教诲中有“知足”这一条。想要满足不断膨胀的欲望，就不会有幸福感。天天反省，抑制那不知餍足的欲望，对现有的事物表示“感谢”，持续付出真挚的努力——只有在这样的人生过程中，我们才能感受到幸福。

人为什么感觉不幸？因为人有烦恼。据说人的烦恼有 108 种之多。释迦说：“这些烦恼就是陷人于苦难的元凶。”另外，这些烦恼中最厉害的是“贪欲”“嗔恨”“愚痴”，被称为“三毒”。

人生在世，烦恼是必要的。但是烦恼不能过度。烦恼蔓延扩展，人就永远无法感受到幸福。

我们人原本具备与烦恼完全相反的优雅的根性。助人为乐，为他人尽力就生欢喜。这样的美好的心灵，每个人原本都有。

但当烦恼过深过强时，利他之心就出不来。正因为如此，我们就有必要努力去抑制烦恼。这样的话，藏于人心底的美丽而优雅的根性就一定会显现出来。我们时时会感觉到幸福正围绕着自己。

利他本是从商原点

在弱肉强食的商业世界，把利他、爱、同情心等挂在嘴上，是不是花言巧语呢？稻盛先生说，这是他的真实信念，不仅告诉别人应当这样做，而且这正是自己的亲身实践。

按照马克斯·韦伯的观点，初期的资本主

义，发源于基督教中的新教。新教徒们尊重劳动，提倡“邻人爱”，遵守严格的伦理规范，用完全正当的方法从事产业活动，获取利润。他们生活俭朴，利润主要用于社会公益。换句话说，他们的商业活动的出发点，主要不是利己，而是利他，因此才有初期资本主义的高速发展。后来商人的唯利是图，是资本主义的变质。

日本江户时代中期的思想家石田梅岩，也明确提出了商业资本主义的伦理规范。针对当时商人地位卑下的现实，他指出，从商获利决非罪恶，商人获取利润，同武士获得俸禄一样正当。又指出商人必须“求利有道”，不可损人利己，不择手段。“真正的商人必须让对方获利，自己也获利”，即“自利利他”。话说得很简单，却包括了真正意义上一切商业活动的本质。

大视野的利他

赚钱获利本是商业的原动力，无论谁都有赚钱的欲望，但它不应停留在满足个人私利的

“小欲”上，而应扩展到为更多人谋利的“大欲”上。这种利他的精神，能获得广泛支持，使事业成功，给自己和别人带来更大的利益。

正当地经营企业，本身就包含利他。个人物品自然属于私人财产，但一旦筹集资本，兴办企业，情况就会起变化。消费者买它的产品（或服务），员工靠它谋生，国家向它征税，银行收贷款利息，场地、设备、原料供应商从它赚取利润等。

企业经营涉及社会有关各方，如果盈利，企业所有者获得税后利润那一块，不过是经营成果的一部分，如用于再投资，又是社会行为。且不说企业对社会公益事业的捐赠。

一个人独身且不说，一旦结婚组成家庭，他就要为夫人、孩子负责，这是家庭范围内的、小单位的“利他”。但如果只顾小家庭的利益，从更大单位看，它又变成“利己”。为企业干部员工谋利，当然也是“利他”，但只顾自己企业利益的本位主义，虽比家庭单位的利他大了一点，但从更大单位看，它又变成“利己”，得不到更广泛的社会支持，限制了企业发展，仍然是低层次的“利他”。

爱国主义，强调本国的“国益”，相对于个人或小团体，已是很大的“利他”，但只顾自国的利益，忽视甚至损害别国的利益，从国际的角度看，仍然是“利己”，被称为“狭隘的爱国主义”或“狭隘的民族主义”，必然在国际上陷于孤立，结果对自国也不利。爱国主义和国际主义应该有一个恰当的平衡。

从利己到家庭范围内的、企业范围内的“利他”，这种“利他”再扩展到客户、协作单位、投资股东，扩展到地区、国家乃至世界、宇宙。大视野的利他，有利于做出客观公正的判断，避免失败。

利他和利己

稻盛先生说，在我们每个人的心里，既有“只要对自己有利就好”的利己心，也有“即便牺牲自己也要帮助他人”的利他心。仅凭“利己心”判断事物，因为只考虑自己个人的利益，所以无法得到别人的帮助，这种以自我为中心的想法只会使视野狭隘，往往对事物做出错误的判断。

反过来，用“利他心”判断事物，因为是站在“为他人好”的立场，所以周围众人都乐意帮助，又能拓宽视野，对事物做出正确的判断。

利己心是人为了维持自己的生存所必需的本能，它本身无所谓善恶。一事当前，人往往只考虑对自己是否有利，或者说自己能否赚钱，以此作为判断基准，但是对自己有利，未必对他人也有利。如果损人利己，或者损公肥己，到时就会招致矛盾、纷争和危机。但是利己欲望强烈的人，往往一叶障目，看不到这些，甚至不愿意去看，他们失却了理性思考和客观判断事物的能力，他们的行为有时就像飞蛾扑火一样。

用“利他心”判断事物的人，站得高，俯视俗世，看到“天下熙熙皆为利来，天下攘攘皆为利往”，看到利欲熏心的人必将落入的陷阱，他心明眼亮，有一种看透事物本质的睿智。

稻盛先生说，我们这些没有经过修炼的凡人，对“利他心”往往不容易理解，要实行则更难，听上述有关利他的道理，似乎也有点心动，但一转身，又只考虑个人趋利避害的事了。怎样才能有效地克服这一倾向呢？稻盛先生说了如下的方法：

比如某样东西，买还是不买，卖还是不卖，或者对别人所托之事接受还是不接受，在考虑这些问题时，答案瞬间就产生。可是瞬间的答案是出于本能的想法，所以在把想法确定下来以前，不妨先行深呼吸，然后把这最初的答案暂时搁置一边，先扪心自问：“等等，稻盛先生曾说过要以利他之心去判断事物，我不应该只想对自己有利，而应该想一想对对方来说是好是坏。”在得出结论之前，先放个“缓冲器”，直到确信了不但对自己有好处，也一定能让对方高兴以后再下结论。

不这样做的话，难免只按自己的利害得失判断，往往对对方不利，最后也会给自己带来不利。就是说，在对事情做出结论之前，人在思考的过程中，应该预先设置一个“利他心”的程序，一个必经的程序。养成这种习惯之后，我们这些尚未开悟的凡夫俗子也能做出了不起的判断。

这样我们就可以把事情办成，而且使所有当事人皆大欢喜。稻盛先生说，当自己谈到要利他、要与人为善，甚至牺牲自己也要帮助他人时，有人就提出疑问：“说得这么冠冕堂皇，你难道不也是商人吗？自己一边追求利润，说什么如果利润率不超过10%，便不能算真正盈利，一边又说要帮助他人，这矛盾也太大了。如果又要帮助他人，又要开展经营，想超过10%的利润是不可能的。”

另外，利他之心的最高境界是牺牲自己的生命也要帮助他人。如果这样，在现实中你有多少条命也不够用，而人的生命只有一次，所以无法把它当成人们必须遵守的规范。但是，稻盛先生认为，可以从另一个角度来理解“利他”的含义。

他说，每个人降生到现世，宝贵的人生只有一次，大家都在为生存而辛苦奔波。正因为如此，世间森罗万象、一切事物都应该共生共存，自己求生存，也让别人生存，就是说地球上一切生物都要协调共生，这就是“利他”。这样来理解就不会产生矛盾。

小善和大善

这里有一个要点，什么是真正的“利他”，怎样做才对他人真正有利，这往往需要冷静考虑。

假如有家濒临破产的公司来求你：“现在公

司没有现金，买你家的产品能不能欠账？”或者：“让我们用期票买吧。”而你通过调查，了解到该公司下个月就将倒闭，届时期票将无法兑现。而对方再三求你“帮忙卖给我们吧！”你应该答应还是拒绝呢？

用“利他心”来衡量的话，当然应该卖给他。可是这样一来，货款收不回来，变成坏帐，自己公司就会白白损失。到底应该怎么做才好呢？利他之心和自己的事业经营，两者间出现了矛盾。

这里就涉及一个“小善与大善”的问题，我们经常会碰到这样的问题。

比如有的家长对子女爱过了头，应该孩子自己做的事，全部包办代替；对孩子提出的要求，不管对不对，一概满足，百依百顺；孩子有错，不仅不批评，还加以保护、偏袒。这种对孩子的溺爱和娇纵，虽然能让孩子一时高兴，但对孩子的成长极为不利。孩子或者成为“温室里的花朵”，经不起风吹雨打，或者成为极端自我中心的、蛮不讲理的人，他们的命运将遭遇不幸。这种近视的、不考虑后果的所谓“爱”，是一种“小善”，最终必然带来坏的结局，爱孩子变成害孩子。“小善似大恶”就是这个意思。

稻盛先生提到日本有一本畅销书叫《五体不自由》，作者是一个无手无脚的残疾青年。他没有因为先天残缺而怨天尤人，他与命运顽强奋斗，心情开朗，朝气蓬勃，生活过得很充实。他的事迹感动了许多读者。他父母一方面对他关爱备至，另一方面，为了培养他的自理能力，为了让他能够独立生存，对他进行了严格的训练。严格的程度，在外人看来近乎残酷，几乎所有事情都让他一个人自己完成。但正是这种看似“残酷无情”的训练，不仅锻炼出他惊人的能力，而且让他充满自信，让他具备了良好的心理素质，成为青少年学习的优秀榜样。这就是“大善”。“大善似非情”就是这个意思。

俗话说，“千金难买少年苦”“狮子把自己的孩子推下千丈谷底，只有能独自爬上来的小狮子，才予养育”，讲的都是同一个道理。

教育孩子也好，教育部下也好，与其给他们现成的鱼吃，不如教会他们捕鱼的方法，“授之以鱼，不如授之以渔”；有时与其教他们捕鱼的方法，不如启发甚至逼迫他们自己去摸索捕鱼的方法。这也体现了“大善”，因为这样学得的本领，他们将终生受用，他们可以因此超越父母、上司，超越他们的前人。

企业里的人际关系也一样，基本出发点是爱，但决不是无原则的、盲目的溺爱。有的上司自己缺乏信念，只晓得迎合部下，这种表面的、浅薄的爱，就是“小善”，不能促使部下进步。相反，持有信念、能对部下进行严格指导的上司，虽然因不讲情面，也许一时让人受不了，但从长远看，却催人奋进，促人成长。

稻盛先生说，自己从小受家庭及宗教的影响，形成了要关爱别人、同情别人、待人和蔼，即利他的人生观。但一旦创办企业，就免不了对部下批评、斥责，有时甚至大动肝火，叫嚷

“你给我辞职”。原本想和善地对待员工，但是事业一开始，马上就碰到这种矛盾。

“我甚至怀疑这就是一种自私，即一旦变成经营者，发现有员工对公司不好，我就马上一反常态，违背我与人为善的一贯风格，严厉地指责他们。我想我自己恶的本性终于显现了。”似乎当经营者就一定变成双重人格。当时稻盛先生非常苦恼。

“在公司里，像凶神恶煞一样，脸红脖子粗地训斥部下，这和平时自己心里想的、嘴上说的‘爱、善、利他’等道理自相矛盾，这个矛盾困扰了我很长一段时间，但是一次不经意入耳的话，让我如释重负。”

美国 IBM 公司的社训是“珍视员工”。这则社训据说是由下面的故事来的：

在北国的一个湖畔，住着一位心地善良的老人。每年有大雁成群飞到湖里过冬，老人总是向湖里的大雁喂食，大雁们就聚集到湖边来高兴地吃。年复一年老人都坚持喂养大雁，大雁也习惯性地依赖老人喂的东西过冬了。

有一年，雁群又飞到湖里，像往常一样，它们为了食物聚到了湖畔，但是老人却没有来。大雁们仍然每天聚到水边死死等待，可是老人始终没有出现，原来老人已经死了。

那一年正值寒流袭来，湖水都冻结了，只会依存老人而忘记自己觅食的雁群不久都饿死了。

这就是佛教教义中的“小善似大恶”。本来，大雁是在严酷的自然界里生存的动物，因此即使湖面结冰，自己也应该能够找到食物维持生存。IBM公司所说的“珍视员工”，就是要培养在严酷条件下也能自食其力的大雁。

作为经营者，如果只当和事佬，只知一味讨好员工，对不负责任的员工不能如烈火般严加训斥，就会铸成大错，公司迟早要倒闭，给全体员工带来灾难，这就成了“大恶”。

稻盛先生讲大善与小善，讲利他与利己，讲对部下关心爱护和严格要求，这些都是现实生活中的辩证法，生活本身由辩证规律所支配，违背它，无论是谁，都难免碰个头破血流。

非洲土著的生存智慧

稻盛先生说，当代的日本和日本人最需要的生存哲学，用一句话来讲就是“知足”。

“身在福中不知福”的人不可能生活在真正的幸福之中。知足使人的精神从贪欲中获得解放，使人感觉充实并产生智慧。知足对他人会生感激之心，对自己会生谦虚之心，由此就会产生为别人着想的“利他”之心。

稻盛先生说，“知足”这种生存模式，在自然界和原始人类中本来就存在。食草动物吃植物，食肉动物吃食草动物，食肉动物的粪便和尸体返回土壤中，又成为植物的营养。乍看好似弱肉强食的自然界，从大视野看，存在着天然协调的生物链。生物链上的每一环都有“知足”这种生存智慧。比如，狮子饱腹时决不继续捕食，它本能上具备“节制”或叫“知足”

之心。

已故日本京都大学名誉教授、灵长类动物学权威伊谷纯一郎先生，为了进行黑猩猩的生态研究，曾到非洲刚果的深山里去考察。在那里他遇到了原始狩猎民族的部落，发现了部落生活的一个有趣的习惯。

部落狩猎，总是各带弓箭，倾巢而出，只要其中一人射倒一头鹿或斑马，这一天的狩猎活动就告结束，大家兴高采烈回到驻地，将猎物分解，共同分享。

分配的规矩是，射中猎物的人和他的家族可分得最好的一块，然后再按照同这位有功者血缘亲近程度，依次分配，越到最后分得的肉片就小些、差些。

看到这种情况，伊谷先生就对分得少的人说："你分到的不是太少吗？为什么不再猎一只，吃得更满足一点呢。"对方回答说："不行，这是部落的规则，不管由谁，只要捕获一头猎物，这一天的捕猎就必须结束，这是祖先的老规矩。”一天只捕一只，决不超过。

伊谷先生分析说，如果为了满足食欲，多捕多杀，就会招致野生动物的减少，结果自己的食物供应就会产生问题。土著部落的人们从本能上明白这一点，所以他们只在动物能够维持再生产的范围内狩猎。

伊谷先生的研究表明，在黑猩猩的世界里居然也有同样的现象。猩猩吃杂食，平时吃树上的野果。有时也到地上来群体狩猎，用腕力或木棒击倒小动物。捕获一只后，其他猩猩立即停止捕猎，回到击获猎物的猩猩身边，将战利品分而食之。就是说，原始狩猎民族也好，黑猩猩也好，都具备一种智慧：为了自身的生存，需要抑制自己的欲望，需要设法与自己周围的环境“共生”。他们懂得，只有抑制自己的欲望，才能使自己生存下去。

在非洲还有以烧荒农业为生的原始部落。这个部落对外来客人很友好，当伊谷先生到来时，请他吃饭，热情款待。部族的酋长说，以前法国的调查组在此逗留过几天，招待了他们，部落就缺粮了。伊谷先生问："一年种多少地收多少粮？"酋长答："只种部落人一年的口粮。"因此客人吃了，粮就不够了。问："那么不能稍微多种一点吗？"酋长答："那不行，部族之神不许可。"

所谓"烧荒农业"，就是放火烧森林，得到沃土，然后耕作，种植薯类和谷物。因为不施肥料，连年耕耘，土地逐步贫瘠，收获逐年减少。到一定时候，就放弃这块地上的耕作，烧毁另一块森林，获得新的肥沃土地。周而复始，确保部族持续的农耕生涯。

比如将部落周围的森林 10 等份，顺次烧却，一块土地耕作 10 年，那么轮到最初开垦的那块地，就过去了 100 年，这块地上的森林已恢复到开垦前的茂盛状态。再次烧荒，又可获得肥沃的土壤。

如果为了多打粮就多烧荒，短期内可以收获丰富的粮食，但从长期看，适合耕作的沃土逐步减少，土地荒废必将招致饥馑。因此部落的人们即使一时吃不饱，也决不超过森林的再生能力，烧林造地。

一次循环约百年，涉及三代人，就是说为了维护曾孙辈的生活，制订了这规则，而且严格遵守，不惜自己饿肚子。看到部落居民的生活方式，伊谷先生不禁由衷钦佩：他们没有科学知识，或许也并不理解事物的原理，但是与周围环境“共生”的生存方式，作为遗传基因，根植在他们的意识之中，代代相传，生生不息。原始村落中依然遵循着“克己”“知足”这些使森罗万象绵绵不绝的生存规则。

《心法：稻盛和夫的哲学》一书中，有一节专门讲“知足”。人为万物之灵，人类得天独厚的“知性”创造了灿烂的现代文明。但“知性”未必是“睿智”，人类不知餍足的欲望，造成了地球空前的破坏。

稻盛先生说，科学发达了，我们享受着丰富的现代物质文明，但我们的精神状态却发生了问题。我们蔑视和掠夺自然，以满足自己不断膨胀的欲望，而且永不知足。

稻盛先生指出，日本在明治维新时提出“富国强兵”的国策。后来偏向“强兵”，结果一泻千里，以致发动战争。战后又偏向“富国”，经40年奋斗，成为世界第二经济强国，却又被揶揄为“经济动物”。

稻盛先生说，物质富裕的日本要有“知足”的意识，不应该再一味追求“经济成长至上主义”，而应拿出同国力相应的气度，来援助发展中国家，致力于地球环境的保护和改善，更多地追求精神上的富足。他提出改“富国强兵”为“富国有德”。

他说，如果更多的人具备上述“共生的思想”，具备“知足者富”的智慧，我们就可以构筑一个更好的社会，一个不仅物质充实而且精神富足的社会，一个人与人、人与自然都和谐的社会。

中国的封建皇帝权力至高无上，却往往短

寿。“出舆入辇，命曰蹶痿之机；洞房清宫，命曰寒热之媒；皓齿娥眉，命曰伐性之斧；甘脆肥脓，命曰腐肠之药。”一句话，就是不懂哲学，不懂辩证法，不晓得“知足常乐”。

一方面不断进取，另一方面又要懂得“知足”。知足是人类的良知，是维系社会乃至自然和谐共存的一种朴素价值观。

5 因果

两只看不见的手

稻盛先生说，根本而言，我们的人生，由看不见的手所主宰，这无形之手有两只。

一只叫“命运”。每个人来到这世上，都带着各自固有的命运。以我为例，为什么出生在那年代，没早来百年，也没迟到百年？为什么没生在美国，也没生在伊拉克？为什么生在无锡，没生在苏州？为什么兄弟姐妹有6个，我又排行第5？为什么是男非女，为什么是黄皮肤、黑头发、黑眼睛？为什么长这副相、就这个个儿、体质不甚佳？为什么智商不高手脚笨？为什么上那个小学、中学、大学，遇到这许许多多老师同学？大学时代为什么碰上“文化大革命”？为什么进了政府机关，好好地又辞职办了企业？为什么2001年10月28日这一天见到了稻盛和夫这个人，为什么今天又来写这本书？等等。人生有太多的为什么，我们无法说清，科学也无力解释。我们常说“缘分”，但“缘分”又是怎么回事呢？照样弄不懂。对命运乃至命运的有无，人们常议论不休，但我相信命运的存在乃不容置疑的事实，上述种种不是神秘的命运，又是什么呢？

不得不承认，我们被某种超越自己或他人意志的、无法解读的命运之神所支配。它无视我们的喜怒哀乐，宛如奔腾的江水，卷挟着我们，一刻不休，滔滔流入大海。

那么我们只配做命运的奴隶，在命运面前

只好一筹莫展、无能为力吗？那也不然。命运非宿命，因为决定人生的还有另一只看不见的、更大的手，名叫“因果报应法则”。因生果，果有因，善因生善果，恶因得恶果，简单明快。

“积善之家必有余庆，积不善之家必有余殃。”这古训我从不信到半信半疑、七信三疑，至今信而不疑。

我们现在的处境，我们身上发生的各种事情，必有其产生的原因。这原因不是别的，就是我们自己的思想和行为。你在想什么说什么做什么，都成为因，而必生其果，你对所生结果如何应对，又成为因，又必有所果。这种因果规律不断循环，构成我们的人生。

提高心性，拓展经营。灿烂的思想之花必结丰硕的经济之果，就是一种因果规律。观念正确、思想深刻、愿望强烈，必驱使你聚精会神、全身全灵专注于工作，且持之以恒，乐此不疲。这就是成功的种子，必会生根、发芽、长茎、开花、结果。

因果报应有时来得很快，立竿见影；有时却有时间差，甚至相当长的时间差。为什么？因为人生除“因果报应法则”这只手之外，还有另一只命运之手在干涉，两只手同时在起作用。

稻盛先生说：“命运乃经纱，因果法则乃纬纱，两者交织而成人生之布。”这布因人而异。

有人做了好事并没马上获好报，因为其时他命运不济；有的人做了坏事并没立即得恶报，因为他命运暂处强势。短视之，似乎“因果报应法则”不灵甚至荒谬，令人难以置信，有人漠视甚至批判它，但就长时段而言，比如20年、30年或更长些时间看，这法则准得很。善有善报，恶有恶报，不是不报，时间未到，时间若到，一切都报。此乃百姓经验之谈，亦是人生之真理。

命运之手和因果法则之手，均为无形之手，肉眼看不见，需思考才会明白。另外一般而言，因果法则之手略强于命运之手，换言之，人运用“因果报应法则”，努力奋斗，可以改变或扭转命运，创造自己幸福美妙的人生。这样的事例不胜枚举。

稻盛先生关于命运和因果报应的论述深入浅出，是极精彩的人生哲学。所谓哲学，是阐明存在和意识、客观的物质世界和人的主观的精神活动之间关系的学问。命运是一种客观存在，因果报应是意志或意识及其指导下的行为和结果。稻盛先生强调人的精神力量的伟大，就是说人的意志和行为可以改变命运即存在本身。不仅自己个人的命运，而且影响企业的命运，乃至人类社会的命运。

袁了凡的故事

袁了凡原名袁学海，出生于医生世家，幼年丧父，由母亲一手培养成人。他 13 岁时，准备学习医术，继承祖业。某日，有一白发老人来访，自称是奉天命，来向学海传授《易经》真髓。老人对袁母说道，你或许要这孩子将来当医生，但他不会走这条路，长大后，他会参加科举考试，会中榜、做官。老人还就学海的命运作了种种预言，比如哪一年参加哪种考试，排名第几，年纪轻轻就可到地方上当官，颇有出息。另外，结婚却不会有子女，寿命为53岁等。

后来，学海的人生果然完全像老人预言的一样。当上地方长官后不久，学海就去拜访当地的禅寺，那儿有一位有名的高僧，叫云谷禅师，学海久闻其名，早就想向他请教。云谷禅师也晓得新任长官十分优秀，将他迎进寺庙，并同他一起坐禅。见学海打坐时神定气闲，无思无念，禅师非常佩服，问道："你打坐时如此毫无杂念，究竟曾在何处修道？"

学海答道："自己并无特别的修行经历，至于禅师问到为什么打坐时如此毫无杂念，我想起了一件事。"于是，学海说了少年时代遇到白发老人的事情。

"我至今的人生一如那老人所言，年龄不

大已当了官，结了婚却没有孩子，到53岁我就要死了，这就是我的命运。我对将来不抱奢望，只想按照命运的安排，淡淡地度过自己这一生，我不再有什么烦恼，所以坐禅时没有杂念妄想。”

听到这话，云谷禅师的表情由柔和转为严峻，斥责道：“我原以为你年纪这么轻，就有这么高的悟性，很了不起，想不到你竟是一个笨蛋。

“如那白发老人所言，人确有命运。但天下有像你一样，完全顺从命运度过人生的蠢人吗？命运是可以改变的。想好事、做好事，就会有好的结果；想坏事、做坏事，就会有坏的结果，人生中存在这样的因果法则，运用这一法则，就可以改变命运。”

学海秉性耿直，听禅师一席话，茅塞顿开，谢过禅师，回家就对夫人转述了禅师的话，并说：“从今天起，就要尽我所能，想好事、做好事。”夫人听后也说：“既然你这么想，从今以后，咱俩就齐心协力，一起想好事、做好事吧。”

《阴骘录》这部书写到此，笔锋一转，已更名为“了凡”的学海对自己的儿子讲完上述故事后，继续说道：“儿子啊！你爸爸的人生就是这样不可思议。自从听了禅师关于因果法则的教导后，我和你妈妈一直努力，思善行善，结果白发老人所说的‘不可能出生’的你也出生了，说我只能活 53 岁，我现在已年过 70 岁，你看我身体还这么硬朗。”

袁了凡的故事到此为止，这当然只是中国古代一则劝人为善的故事。我们中国似乎没有人对这故事情有独钟，有的人甚至对这类“迂腐的说教”不屑一顾。但稻盛先生却非常喜欢它，经常向人介绍，在讲演以及著作中多次以它为例。因为这个浅显而寓意颇深的故事，正好符合稻盛先生关于命运和因果报应的思想，稻盛先生认为自己几十年的亲身经历以及几十年来自己亲眼看到的各行各界许多人物、许多企业的荣枯盛衰，正好与这故事的寓意相合。人生不可否认命运的存在，但命运决非不可改变。只要像故事中的“了凡”一样，坚持一辈子想好事、做好事，不做坏事，命运就会朝好的方向转变。

命运因人而异，就是同一个人，他的人生也会有起落沉浮，会有幸运，也会倒霉甚至遭遇灾难。稻盛先生说：“佛教讲人生是‘诸行无常’，‘波澜万丈’，有幸运，也有灾难。幸运也罢，灾难也罢，都可看作上苍对我们的考验，是上苍给我们心灵成长的机会，因此我们要由衷感激。当考题为‘幸运’时，不得意忘形、不失谦虚之心；当考题为‘灾难’时，不要悲叹、不要怨恨、不要消沉、不要牢骚满腹。”与其让有害无益的痛苦情绪支配自己，不如乐观开朗、一味向前、努力去做，而且做好一切应做的事。“岁寒，然后知松柏之后凋也。”好运时不必说，即使命运不济，也要心存善念，排斥恶意，并持之以恒，习以为常。这样，我们的人生就一定会变得更美好，更有意义。

命运和因果报应

稻盛先生创建京瓷时只有 27 岁，一个新生的弱小企业，资金、设备、客户等资源都不足，处于不景气的经济环境之中，同行业中有强大的竞争对手，自己又不懂经营，缺乏经验。像一只小船航行于大海之中，随时可能被风浪吞没。企业究竟能不能生存发展，怎样做企业才能顺利发展，怎样做才能避免企业破产，避免员工因失业而流落街头，怎样做才能对得起信任自己、慷慨解囊的股东们，稻盛先生一面拼命工作，一面苦苦思索。

在思考企业命运的同时，稻盛先生还不断思考人生最基本的问题。人从生到死的整个生命历程中，有许多东西似乎确是命中注定的。究竟是自然决定的，还是上帝决定的，谁也说不清，但每个人都背负着各自与生俱来的命运，降生到这个世界，这一点似乎很难否定。但人完全受命运摆布，一辈子无所作为，这也不是事实。超越个人意志、超越人智的命运，和个人企图改变命运的努力，两者之间究竟是一种什么关系。未来难以卜算，甚至明天将会怎样也无法确知，这种情况下，我们应该怎样度过自己的人生，稻盛先生经常思考这个问题，并执着地追求问题的答案。

此时，稻盛先生读到了安冈正笃写的《命运和立命》一书，就是解说400多年前中国明代袁了凡所写《阴骘录》的一本书。袁了凡的故事给了他一种启示，“原来如此，人生原来是这样的。前面有什么样的命运在等待自己，虽然不清楚，但是，在难以捉摸的命运的安排下，遭遇各种事情的时候，我们却可以坚持‘想好事做好事’，只要以这种态度来度过自己的人生，不就好了吗。”

尽管这样想，但是要真正相信“想好事、做好事，就一定会有好的结果”，相信“善有善报、恶有恶报”的因果法则，实在很难，首先是难以说服自己。

稻盛先生当时年少气盛，又毕业于理工科大学，从事技术开发工作，信奉科学合理的思考方式，因此，对科学无法解释的“命运和因果法则”，抱着一种矛盾的态度，很难从内心完全接受。

同时，社会现实好像也并非如此，有的好人，想好事、做好事却不得好报，并没有过上理想中的幸福生活；有的坏人，想坏事、做坏事，也没有受到惩罚，照样神气活现、作威作福。不公正的社会现象常常令人失望，因果法则似乎没有发挥应有的作用。

另外，稻盛先生说，自己所受的教育也有问题。130 多年以前，日本是一个落后闭塞的封建国家。江户时代末期，看到西欧建立了先进的近代国家，日本开始“脱亚入欧”，发起明治维新。当时的明治政府认为，日本要走西方近代国家的道路，科学技术的进步是必要的条件，要培养具有科学合理的思维能力的人才，而把旧时代人们长期信奉的“命运和因果法则”与科学对立起来，将其视为迷信，加以否定。从小接受这样的教育，又长期从事科学技术研究，照理讲，稻盛先生不可能相信所谓“命运和因果法则”。

但是，稻盛和夫毕竟是稻盛和夫。这样的问题，与其说属于科学的范畴，不如说属于哲学的范畴。稻盛先生不仅是出类拔萃的技术者和企业家，同时又是与众不同的哲学家。通过对各种社会现象以及对自己亲身实践的反复深入的思考，稻盛先生不仅相信了“命运和因果法则”，而且认为这才是人生、社会乃至宇宙最根本的法则。不仅自己的一切行为都遵循这法则，而且不遗余力地把自己的见解告诉周围的人们，希望在这个最根本的问题上，与更多的人达成共识。

关于命运，稻盛先生举例说，有一位出色的学者，他的研究成果是划时代的。他头脑明晰，从父母处获得了发达的、不同寻常的脑细胞，但是仅凭这些还不足以让他成为优秀的学者。首先他必须健康成长，不能半途夭折或患重病，另外他需要一个能够埋头研究学问的环境，需要启蒙的恩师，需要各方面的支持和配合。就是说必须有各种附加条件，他才可能将天赋的才能发挥到极致。能否成为一流的学者，仅仅靠遗传基因和个人的意愿是不够的，还要附加某些条件，而这些条件往往可遇而不可求，它们属于“命运”的范畴。

通过读《三国演义》我们知道，诸葛孔明纵有雄才大略，如果没有刘备三顾茅庐，他不免一事无成，老死山林。而如果没有“徐庶走马荐诸葛”，刘备做梦也想不到世上有诸葛亮这个人。

为了破除对“因果法则”的偏见，稻盛先生想出了两点理由，都可称之为真知灼见。因果关系并非总像一加一等于二那样简单明快、一目了然。因为：第一，想好事、做好事，与产生好的结果之间，往往有一个时间上的滞后。

或者一个月、两个月以后，或者一年、两年以后，甚至更长的时间。坏事与坏结果之间也是一样。

第二，由于命运的存在。稻盛先生说，自己虽然从未请人算过命，但是也常听人说过，“今年是你的吉利年，事业一定顺利”，或者“今年是你的厄运年，个人健康、公司经营，要多加小心”。在红运高照的年头，即使有些不好的念头、不好的行为，也不会立即出现不好的结果。相反，在倒霉的厄运年份，即使想些、做些好事，也改变不了厄运造成的局面，好的结果一时出不来。

当然也有相反的情况。你的运气很好，你又坚持做好事，两者叠加，你的事业可能飞跃发展；你的运气不好，你又老做坏事，两者叠加，使你立即身败名裂。

总之，实际情况有点复杂。如果“因果法则”如一加一等于二一样，一想清楚就能立即得到结果，大家当然都会相信。但是，因为命运与“因果法则”的交错重叠，结果就不那么单纯而直观。所以很多人不以为然。然而，正如《阴骘录》中所言，在我们沿着命运之经纱前进的过程中，我们又织入了“因果法则”之纬纱，两者交织而成的布，就是我们的人生。

环境或者说命运常给我们带来各种困难，这同我们的主观意愿无关。我们不希望碰到困难，困难就不来，这是不可能的。但对待困难采取什么态度，我们却有足够的自由，而这种态度具有决定性的作用，这里“因果法则”就会发挥它的作用。

为了进一步说服大家相信“因果法则”，坚持想好事、做好事，稻盛先生在苦思冥想中，又获得了新的灵感，就是下节要谈的“天理”，或叫作“宇宙的意志”。

天人合一

稻盛先生是技术人员出身，在新型陶瓷领域有不少实用的新发明。同时他又是经营者，实绩斐然。另外，他对实用会计学不仅研究很深，而且富有创新，在实际经营活动中贯彻始终。一个搞科学技术的人，一个一心不乱、埋头于经营实践、追求合理性而且卓有成效的人，怎么会大谈命运和因果报应的法则，而且不厌其烦，喋喋不休呢。

科学讲究实证。有人把人生的各种遭遇，简单归结为概率，是各种偶然的累积，忽略其中的内在联系，对命运和因果报应之说不屑一顾。

有的人把命运和因果报应看成劝人为善的浅薄说教，有人甚至把它说成骗人的迷信。在一个讲究效率、强调科学的时代，谈命运和因果报应，似乎非常不合时宜，违背科学精神。而更多的人对命运和因果报应抱半信半疑的态度，而他们又不肯深入思考这一人生的根本问题。

但是，稻盛先生却把命运理解为人生中“俨然的存在”，把因果报应的法则看作宇宙的根本法则。

前面已提到，我们每个人都背负着各自不

同的命运来到这世上。而且除了个人的命运之外，还有家庭的命运，我们所在的组织和地区的命运，以至国家的命运、地球的命运等。而个人的命运就根植于这种种更大范围的命运之上。

稻盛先生说，因果法则之所以成立，是因为它符合自然的“法则”。从长时段观察，善因不招恶果，恶因不招善果。善有善报，恶有恶报，乃“天理使然”。稻盛先生极力从科学和哲学的结合上解释这种“天理”，他说，宇宙物理学中有关宇宙大爆炸的学说，已被广为接受。据说130亿年前，某个超高温、超高压的基本粒子的团块，经大爆炸形成现在的宇宙，而且它还在继续膨胀。

宇宙起源不过是基本粒子，由它们构成质子、中子、介子，从而构成原子核，再同电子组成原子，原子经核变又成为更重的原子，原子组成分子，分子组成高分子，无机物合成有机物，其中出现遗传因子DNA，孕育出原始生命，生物从低级向高级进化，直至诞生了万物之灵——人类。

基于宇宙的进化，稻盛先生说，我们不得不承认宇宙中存在一种促使森罗万象发展进步的力量，用拟人的说法，不妨称之为“宇宙的意志”。也有人把它称为宇宙中无时不在、无处不在的“爱”。这种“意志”、这种“爱”就是“因”，宇宙的进化就是“果”，因果法则就是主宰宇宙的根本法则。宇宙中如果没有促使万物更新的“意志”，宇宙就不会成为今日的宇宙。

稻盛先生认为，我们的思想和行为是否与这强大的宇宙法则相吻合能决定事情的结果。我们满怀善意，尽力做好事，就是说我们所想所做，与“宇宙的意志同调”，那么我们必将成功。如果我们心存邪念，损人利己，就是违背天理，最终势必失败，招致悲惨的下场。所谓“天网恢恢，疏而不漏”，就是这个意思。

人们通过自己正确的、坚忍不拔的努力，可以改变与生俱来的命运，就是因为这种努力顺应了宇宙的大势。

这就是稻盛先生根据他大企业家的成功经营实践，利用他丰富的现代科学知识，运用他哲学家的智慧的头脑，对佛教的因果报应思想所作的深刻而精彩的阐述。

方程式中的因果循环

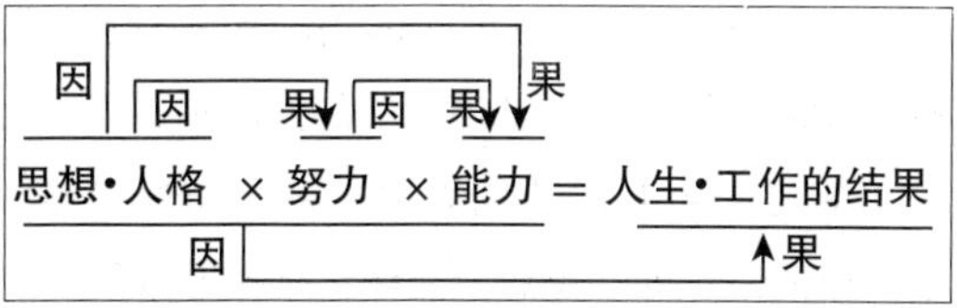

因果循环图 1

这个方程式是因果法则的一种表达方式。方程式左边是因，右边是果。

如前所述，人的“能力”，特别是其中智力的那部分由先天决定，但人的实用能力中的相当部分，可以通过“努力”来提高。换句话说，

“努力”与“能力”之间，也有某种因果关系，即“努力”是“因”，“能力”的提高是“果”。我们从经验中理解这个道理。

同时，有哲学头脑，即“思想·人格”正确的人，就能坚持不懈的“努力”。换句话说，“努力”是“思想·人格”的产物，“思想·人格”是“因”，“努力”是“果”。

再则，“心纯见真”，就是说提升人格就可以提高发现和判断问题的能力。换言之，“思想·人格”是“因”，“能力”的提高是“果”。

总之，从上述几层因果关系的分析来看，结论很清楚，即“思想·人格”是根本原因。

归纳前面各节，我们强调了正面的“思考方式”即“思想·人格”的几个特点。

（1）是“正”，即正直、不歪、不扭曲。

（2）是“纯”，即动机纯、抑制私心。

（3）是“善”，即利他，多为别人着想、与人为善。

（4）是“深”，即从现象中抓住本质。

（5）是“高”，即大视野，从高处看到全局和长远。

（6）是“强”，即不达目的誓不罢休的、渗入潜意识的强烈愿望。

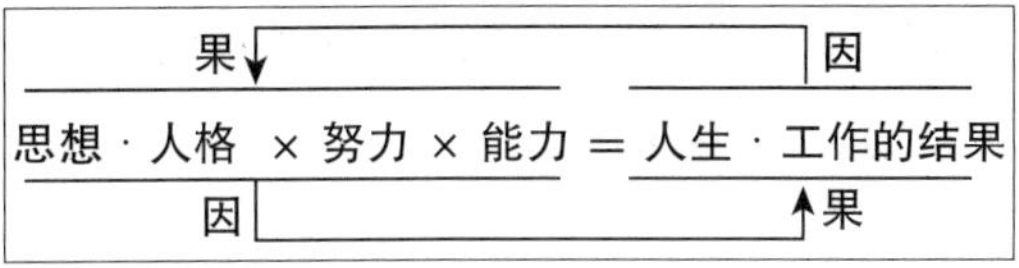

因果循环图 2

另外，这个方程式又是可逆的。在正确的“思想 · 人格”的指引下，通过不亚于任何人的“努力”，发挥出了“能力”，在工作中获得了预想的结果，取得了工作和人生的某种成功。在总结成功经验时，你就会更加深刻地理解成功三要素，特别是其中的“思想 · 人格”的重要性。从而促使你更注重哲学，更注重修心养性，更自觉地努力工作，并在这过程中进一步提高自己的能力。从这个意义上讲，原来的“果”成了“因”，而原来的“因”成了“果”。因果形成了循环。我们人就在这循环中进步发展。

稻盛先生在松风工业时，因排除了杂念，而使新产品开发成功。而这种成功又促使他进一步领悟了“思想·人格”对工作的结果以至对人生的重大作用。

第四章

经营十二条

经营十二条是稻盛先生对自己的经营实践进行深入思考的产物，它揭示了企业经营的规律。照它办，经营就能成功；违背它，经营难免失败。

自然科学里有许多揭示自然规律的原理原则，发现并遵循这些原理原则才有了科学技术的进步。那么企业经营有没有必须遵循的、普遍性的原理原则呢？稻盛先生明确地回答了这个问题。稻盛先生说，几十年来我全身心投入了京瓷和 KDDI 的经营，在这过程中我懂得了存在着使事业获得成功所必需的普遍性的原则，这些原则超越了时代和环境的差异，我把这些原则归结为“经营的原点”十二条。

稻盛先生说，经营成败取决于经营者的行动。如果经营者认真学习、果断落实这十二条，经营者就会变，变得判若两人。经营者变，公司的干部就跟着变，公司的员工也跟着变。这样只要一年，你的公司就会变成一个高收益、快增长的、了不起的优秀企业。

在日本、美国、巴西盛和塾的企业家塾生中，因切实执行这十二条，在一两年内迅速成长的企业比比皆是。

有人讲经营是一门技巧，有人讲经营是一门艺术，这类说法当然都有它的一面之理。但从经营十二条看，经营与经营者的人格、意志、精神力之间的关联性更大。与其说经营是技巧，与其说经营是艺术，不如说经营更是一种哲学，于是“经营哲学”这个说法便应运而生。

事业持续成功需要哲学。稻盛先生既是企业家又是哲学家，从经营十二条中，我们可以进一步领略一个具备深刻哲学头脑的大企业家的睿智。

经营十二条是上述成功方程式在经营实践中的具体化，特别是方程式中的“努力”和“思想·人格”两项要素，在十二条中都有更为切实、更为深入的解析。

1. 明确事业的目的意义——树立光明正大、符合大义名分的、崇高的事业目的。

2. 设立具体的目标——所设目标随时与员工共有。

3. 心怀强烈的愿望——持续怀有渗透到潜意识的强烈的愿望。

4. 做出不亚于任何人的努力——一步一步地、扎扎实实地、坚持不懈地做好具体朴实的工作。

5. 销售最大化，经费最小化——利润无须强求，量入、制出，利润将随之而来。

6. 定价即经营——定价是经营者的事。找出使客户满意、自己又赚钱的交汇点。

7. 经营由意志决定——经营需要洞穿岩石

般的坚强意志。

8. 燃烧的“斗魂”——经营需要昂扬的斗志，其程度不亚于格斗。

9. 临事有勇——不能有卑怯的举止。

10. 不断创新——日复一日，年复一年，不断琢磨，不断改进，精益求精。

11. 有同情心，诚实待人——买卖各方都得利，皆大欢喜。

12. 抱着梦想和希望——保持开朗的、向前看的态度，不失纯朴之心。

第五章

六项精进

1. 付出不亚于任何人的努力

拼命努力是一切生命都在承担的义务；只要喜欢，再努力也心甘情愿；认真专注就会产生创意；拼命工作可以磨炼灵魂。全力以赴、全神贯注、持之以恒、精益求精。有闲工夫发牢骚，不如前进一步，哪怕只是一小步。

2. 要谦虚、不要骄傲

才能是上天所赐，将自己的才能用于为“公”是第一义，用来为“私”是第二义，这是谦虚这一美德的本质所在。

“谦受益”是中国古话。谦虚能唤来好运和幸福。骄傲招人讨厌，骄傲带来懈怠和失败。

3. 要每天反省

每天检点自己的思想和行为，直视自我，是不是自私自利，有没有卑怯的举止，将动摇不安之心镇定下来，真挚地反省，有错即改。

4. 活着，就要感谢

滴水之恩，不忘相报。“感谢”二字塑造了我心灵的原型。“感谢之心”像地下水一样，滋润着我道德观的根基。只要活着，就要感谢。

5. 积善行、思利他

积善之家必有余庆。与人为善，言行之间留意关爱别人。真正为对方好，才是大善。

6. 不要有感性的烦恼

不要烦恼，不要焦躁，不要总是忿忿不平。

人生本来就是波澜万丈，活着就会遭遇各种困难和挫折，绝不能被它们击垮，绝不能逃避，正面面对，垂直攀登，硬着头皮顶住，不忘初衷，努力做好该做的事。

稻盛先生论述的这六项精进之间存在着内在的联系。一个有一定能力的人，如果持续“付出了不亚于任何人的努力”，他就会取得某种程度的成功。

而人一旦成功，就会骄傲起来。这一点简直就是规律，连伟人似乎也免不了。所以紧接着第二项就是“要谦虚，不要骄傲”。稻盛先生在京瓷公司高速发展、事业风生水起的时候，曾连续两年提出“要谦虚，不要骄傲、努力努力再努力”这句口号。

然而，即使自我告诫“要谦虚，不要骄傲”，人在不知不觉之间还会傲慢起来。所以第三项就是“要每天反省”。这是稻盛先生每天必做的功课。按照稻盛的经验，一个人无论达到了多高的境界，如果忘记了反省，就难免堕落。所以稻盛先生坚持实践每天反省这一条。

反省的结果，会知道自己并非完人，自己一个人的能力总有限度，所谓孤掌难鸣，事业的成功是靠了众人的努力和协助。所以应该对周围的一切由衷表达感谢。所以第四项是“活着，就要感谢”。既然“活着，就要感谢”，那么活得这么幸福、活得这么有滋有味、有声有色，当然更应该感激不尽。感谢之心哺育人的道德根基。

感谢之心并不是仅仅停留在口头上，必须落实到行动之中。所以第五项就是“积善行、思利他”。感谢之心自然而然生出报恩之心、利他之心，就是积累善行、帮助他人之心。“积善行、思利他”是人最高贵的行为。

实践了这五条，烦恼就会大大减少。但人毕竟是烦恼的动物。我们生活在充满矛盾的现实社会之中，我们是血肉之躯，具备本能的欲望，所以我们还是难免烦恼纠结。所以第六项便是“不要有感性的烦恼”。正因为有烦恼，剪不断、理还乱，因此，稻盛先生告诫我们“不要有感性的烦恼”。尽管如此，有时我们仍然难免烦恼。怎么办？付出不亚于任何人的努力吧！让自己没有烦恼的时间和空间。

这样，六项精进新一轮的循环就开始了。如此周而复始，就是人生最好的修炼。

后记

走进书店，关于“成功”的书籍丰富多彩。但其中大多数，都着眼于能力、手法、技术、技巧、计策、机谋、战略、战术、聪明、机智等，甚至还有教授骗术的，把军事上的“兵不厌诈”，用到经营乃至其他领域。“计”有三十六条之多、“变”有七十二种之杂，仿佛这才是集我们古人智慧之大成。有些从国外翻译过来的成功人士的成功案例，亦常常突出个人手腕的高超。当然也有人论述“诚信”等人格要素的重要性，但多数也只是把它作为成功的重要因素之一列出，而不是把它作为首要的和基础的要素。有人甚至有意无意地把“讲诚信”也作为一种宣传策略，挂在嘴上，自己内心却并不真正认同。在社会上做事，特别是在中国，似乎不说假话就会吃亏，这才是许多人潜意识里的真思想。这种基本观念上的混乱，正是所有社会混乱现象的根源。

“稻盛的成功方程式”则旗帜鲜明，它把“思想·人格”放在第一位，而且指明它有正负。这个方程式犹如巨大的警钟，应该震撼我们这个追名逐利的社会。

但是我们宣传这个方程式仍属于“显意识”。在认真学习、深入思考、反复实践的过程中，不断驱动这种“显意识”，它才能进入“潜意识”，并随时返回“显意识”。只有当“显意识”和“潜意识”都由正确观念占据，人才会走进悟境，才有所谓“厚积薄发”。

写作是一个用文字整理和表达自己思想的过程，对我而言，这次还是一个系统和深入学习“稻盛哲学”的过程。较之写之前，写之后我对经营和人生的信念更为明确、更为坚定、更为自觉，自己的工作和生活都有进步，企业也有发展。写这部书虽有绞尽脑汁的艰苦，但我更多地感觉到愉快和充实。

有位朋友看完这部书稿后说，能够代表当代日本的，不是那些身居高位的日本政治家和官僚，而是在民间，像稻盛和夫先生那样具备高尚品格和哲学睿智的企业家。对此我亦有同感。

有人认为稻盛先生这一套太高尚，在讲究功利的现实世界里显得鹤立鸡群，所谓“阳春白雪，和者盖寡”。但像“成功方程式”这样深刻又浅显的人生哲学，中学生就能懂，而且随时都能用。记住它，它就可能改变你的人生，用好它，你就会取得成功。

稻盛先生说：“我从不奢望所有的人都能够接受我的哲学，但我一贯坚持自己的经营思想，并证明了它是成功的。”

因为本书大量译述了稻盛先生的原著和讲

话，出自尊重之心，为了慎重起见，本书在付印前，曾由日本盛和塾本部事务局出面，请人译成日文，经日本盛和塾本部事务局，以及京瓷公司秘书室出版小组仔细审阅和修正。

随后此书的日文版被分为《稻盛和夫的人生方程式》《稻盛和夫的成功方程式》两本书，在日本出版并畅销。

借本书出版的机会，谨向他们致以衷心的感谢。

图书在版编目（CIP）数据

稻盛和夫的成功方程式：口袋版 / 曹岫云 著. — 北京：东方出版社，2016.11
ISBN 978-7-5060-9380-4

Ⅰ. ①稻… Ⅱ. ①曹… Ⅲ. ①企业管理—经验—日本—现代
Ⅳ. ①F279.313.3

中国版本图书馆CIP数据核字（2016）第291417号

稻盛和夫的成功方程式（口袋版）
（DAOSHENG HEFU DE CHENGGONG FANGCHENGSHI）

作　　者：曹岫云
责任编辑：贺　方
出　　版：东方出版社
发　　行：人民东方出版传媒有限公司
地　　址：北京市东城区朝阳门内大街166号
邮政编码：100010
印　　刷：鑫艺佳利（天津）印刷有限公司
版　　次：2017年1月第1版
印　　次：2023年3月第8次印刷
开　　本：880毫米 × 1230毫米 1/64
印　　张：4.625
字　　数：112千字
书　　号：ISBN 978-7-5060-9380-4
定　　价：35.00元
发行电话：（010）85924663　85924644　85924641